Mizukiの

今どき和食

Gakken

簡単に手早く、
おいしい和食が作りたい。
欲張りな思いから
〈 今どき和食 〉が生まれました。

はじめましての方も、いつもブログをご覧下さっている方も、
この本を手に取っていただき、本当にありがとうございます。
皆さんは「和食」に対して、どんなイメージをお持ちですか?
「和食」というだけで少しハードルが高いように感じてはいませんか?

もしそうであれば、それは丁寧にだしをとったり、
丁寧に下ごしらえをしたり……
なんて、大変なイメージがあるからかもしれません。
もちろんそれができるに越したことはありませんが、
それぞれ忙しく過ごす中で、毎日そうすることは難しい。
でも、身体のことを考えると、栄養たっぷりの和食を作りたい。

そんな欲張りな思いから生まれたのが、この〈今どき和食〉。
なるべく少ない材料で、簡単に手早くできる、
ちゃんとおいしい和食レシピを考えました。
煮物はフライパンや小鍋で手軽に作ったり、
便利な調味料を活用したり、レンジで時短を叶えたりと、
現代の生活に寄り添う工夫をこらした和食。

それが〈今どき和食〉です。
どうぞ肩の力を抜いて、お料理を楽しんでいただけますように。

今どき和食って？

「和食って手間がかかる」という印象ですが、家で食べるほとんどのおかずは和食。今どきの便利なアイテムをおおいに利用して、定番の作り方よりもずっと手軽に、簡単に作れるように。それが、今どき和食です。

毎日忙しい。だから時短に

家事や仕事をして、さらに料理をして……。毎日忙しいからこそ、少しでも料理は時短でおいしく。煮物は基本的にフライパンか小鍋で作る、下ゆでの加熱はレンジで、さらに味が決まりやすい、めんつゆ、白だし、マヨネーズなどの万能調味料を使い、おいしく手軽に作ります。

丁寧に料理をする余裕がない。だから簡単に

長いレシピを読むのも疲れる。だから、本書は可能な限り手間を省いたレシピです。にんにくやしょうがはチューブで。だしも基本は顆粒だしで。作り方も、鍋ひとつ、フライパンひとつ、レンジでなど、シンプルなものばかり。おいしくなる手間だけを残して、一番簡単にしました。

時短・簡単のための4つのコツ

1

「煮る」は小鍋かフライパンで

煮物は小鍋（直径16〜20cm程度）で煮るのが便利。煮汁が全体に回り、火が通りやすいため短時間で味が染みます。多く作りたい時は、少し深めのフライパンでも。また、落としぶたはくしゃっとしたアルミホイルでOK。くしゃっとした部分にアクが引っかかり一石二鳥です。

2

「焼く」だけでなく「揚げる」もフライパンで

フライパンで加熱する時は、素材はなるべく平らに広げて。そうすることで、火が通りやすくなり時短につながります。また、揚げ物はすべて揚げ焼きで手軽に。５mm〜２cm程度の深さの油でカラッと揚げられるので、フライパンでも十分です。

3

「蒸す」はレンジで

ボタンひとつで蒸し料理のほかにも、野菜の下ゆでができます。レンジで加熱する時は、ラップはぴったりとかけるのではなく、ふんわりとかけるのがコツです。ふんわりさせておくことで、加熱の際に食材から出る水蒸気がうまく逃げて、ふんわりと仕上がります。

4

「味つけ」は万能調味料で

味つけは、基本的な調味料とともに、めんつゆ、白だし、マヨネーズなどの万能調味料を使うことと、あらかじめ調味料類を混ぜておくという段取りで失敗知らずの味つけに。だしについても顆粒だしが基本です。時間がある時は簡単だしで本格的な味わいを楽しんでみてください（P15）。

レンジ調理でも
ごちそうはできる

レンジde焼き豚

レンチンとは思えない、
このできばえ♪
ラップをせずに加熱することで、
まるで焼いたように仕上がります！

23min

〈 調理道具 〉
電子レンジ

材料（2～3人分）

豚バラかたまり肉…350g

A
- みそ、砂糖、酒…各大さじ1と1/2
- しょうゆ…小さじ2
- ごま油…小さじ1
- にんにくチューブ…2㎝

しらがねぎ…適量

作り方

1

Aは混ぜ合わせる。豚肉は長さを半分に切り、脂身を下にして耐熱ボウル（直径25㎝ぐらい）に入れ、Aをかける。

2

1をラップをせずに電子レンジで7分加熱する。いったん取り出して上下を返し、再び3分加熱する。

3

2を取り出し、ラップをぴったりとかけて10分おき、余熱で火を通す。たれを豚肉にからめ、好みの厚さに切る。

4

器に盛り、残ったたれをかけ、しらがねぎ（長ねぎを4～5㎝長さに切って芯を除き、ごく細いせん切りにし、水にさらす）をのせる。

＊バラ肉の脂身が多すぎると、レンジ加熱中に「パン」とはじけることがあります。

Point
ボウルは大きく、深めのものがおすすめ。肉の下にたれが入っていない状態にすると、焦げ目がきれいにつきます。

1

2

Point
ラップをせずに加熱することでまるで焼いたように。取り出す時は熱いので注意。

Point
余熱で熱を通すことで中身はふっくらやわらかくなります。

3

味つけも作り方も もっとカジュアルに！ フライパン肉じゃが

肉じゃがは
手軽にフライパンで作ります。
定番料理だからこそ、
味つけを変えて
バリエーションを増やしましょう。

25min
〈調理道具〉
フライパン

材料（2人分）
牛こま切れ肉…150g
じゃがいも…3個（400g）
にんじん…1/2本
玉ねぎ…1/2個
さやいんげん…5本
サラダ油…大さじ1/2
A
水…200mℓ
酒、みりん…各大さじ2
砂糖…大さじ1と1/2
しょうゆ…大さじ3

作り方

1
じゃがいもは4cm大に切る。にんじんは2cm大の乱切り、玉ねぎは2cm幅のくし形に切り、いんげんは長さを3等分に切る。

2
フライパンにサラダ油を入れて中火で熱し、牛肉を炒める。肉の色が8割がた変わったら、いんげん以外の**1**を加えて2分ほど炒める。

3
Aを加えて混ぜ、煮立ったらアクを取り除き、ふたをして弱めの中火で5分煮る。しょうゆを加えてざっくりと混ぜ、ふたをして8分煮る。ふたをはずし、いんげんを加えて5分煮る。

Arrange 1

うま塩肉じゃが

しょうゆや砂糖を加えず、鶏ガラスープの素でうまみづけ。

材料（2人分）

豚バラ薄切り肉…150g
じゃがいも…３個（400g）
玉ねぎ…1/2個
ごま油…小さじ1
A
　水…300mℓ
　酒、みりん…各大さじ2
　鶏ガラスープの素…小さじ1
　塩…小さじ1/3
粗びき黒こしょう…適量

作り方

1 豚肉は４cm長さに切る。じゃがいもは４cm大に切り、玉ねぎは２cm幅のくし形に切る。

2 フライパンにごま油を入れて中火で熱し、豚肉を炒める。肉の色が変わったら、じゃがいもと玉ねぎを加えて２分炒める。

3 Aを加え、煮立ったらアクを取り除き、落としぶたをして弱めの中火で13〜15分、じゃがいもがやわらかくなるまで煮る（途中で一度混ぜるとよい）。器に盛り、粗びき黒こしょうをふる。

Arrange 2

カレー肉じゃが

甘みがあってスパイシーで子どもが喜ぶ味。

材料（2人分）

豚バラ薄切り肉…150g
じゃがいも…３個（400g）
玉ねぎ…1/2個
コーン…大さじ４〜好みで
サラダ油…小さじ1
カレー粉…小さじ1
A
　水…300mℓ
　しょうゆ…大さじ２と1/2
　砂糖、みりん…各大さじ1

作り方

1 豚肉は４cm長さに切る。じゃがいもは４cm大に切り、玉ねぎは２cm幅のくし形に切る。

2 フライパンにサラダ油を入れて中火で熱し、豚肉を炒める。肉の色が変わったら、じゃがいもと玉ねぎを加えてさっと炒め、カレー粉をふり入れて１分炒める。

3 コーンとAを加え、煮立ったらアクを取り除き、落としぶたをして弱めの中火で13〜15分、じゃがいもがやわらかくなるまで煮る（途中で一度混ぜるとよい）。

最短でおいしく！
切り身deカンタンぶり大根

大根の下ゆではレンジでOK。ぶりは下ごしらえがめんどうなアラを避けて切り身で十分。熱湯に通すひと手間だけで臭みのない、本格的な味に。

25 min

〈 調理道具 〉
電子レンジ＆
小鍋

材料（2人分）

ぶり（切り身）…2切れ
大根…10cm（350g）
しょうが…1/2かけ
A
- 水…150mℓ
- 酒…大さじ3
- みりん…大さじ2
- 砂糖…大さじ1と1/2
- しょうゆ…大さじ2

作り方

1

大根は皮を厚めにむき、2cm厚さの半月切りにし、耐熱皿に並べてラップをふんわりとかけ、電子レンジで6分加熱する。しょうがは薄切りにする。

2

ぶりは3等分ずつに切り、熱湯をさっとかけ、流水で洗って水けをきる。

3

小さめの鍋にAとしょうがを入れて火にかけ、煮立ったら、ぶりと大根を入れる。アルミホイルなどで落としぶたをし、中火で15分煮る。落としぶたをはずし、たまに混ぜながら汁けがなくなるまで煮る。

Point
ラップはあくまでもふんわりと！　煮る前にある程度加熱しておくことで、味がぐっと入りやすくなります。

1

2

Point
表面が白くなる程度にさっと熱湯をかけてください。

Point
小鍋で煮ることで煮汁が対流し、全体に熱が伝わり、味もしみこみやすくなります。落としぶたはくしゃくしゃにしたアルミホイルでOK！

3

Contents

● 本書の見方

〈 表記について 〉

・計量スプーンは大さじ１＝15mℓ、小さじ１＝５mℓ、計量カップは１カップ＝200mℓです。炊飯器に付属のカップは１カップ（１合）＝180mℓです。
・電子レンジの加熱時間は600Wで加熱した場合です。500Wの場合は1.2倍の時間、700Wの場合は0.8倍の時間を目安にしてください。また、機種や加熱状態によって時間が異なる場合もありますので、様子をみて調節することをおすすめします。

［ 電子レンジの加熱時間の目安 ］

500W	600W	700W
２分20秒	２分	１分40秒
３分40秒	３分	２分30秒
４分50秒	４分	３分10秒
６分	５分	４分
７分10秒	６分	４分50秒

〈 材料について 〉

・基本の調味料は、砂糖は上白糖、塩は「伯方の塩」などを使用しています。しょうゆは濃口しょうゆ、みそは合わせみそ（みそは商品によって塩分が異なるので、量は加減してください）、小麦粉は薄力粉です。
・はちみつは、１歳未満の乳児が食べた場合、乳児ボツリヌス症にかかる可能性があるので与えないでください。
・レシピ中の工程では省いていますが、野菜はよく洗い、皮をむくなどの下処理をしてから調理してください。
・レシピに出てくる水は、基本的に分量外です。

〈 マークについて 〉

① 25min
調理時間の目安を表します。材料を洗うなどの下準備、冷ます時間、漬ける時間などは含まれない場合もあります。

②〈 調理道具 〉電子レンジ
使用する主な調理道具です。
小鍋の大きさは直径16〜20㎝を目安にしてください。

③ Point
調理するときのコツや、味の特徴などを記載しています。

④ サブおかずMemo
PART.１「今どき和食のメインおかず」では、おすすめの副菜を紹介しています。献立作りの参考にしてください。

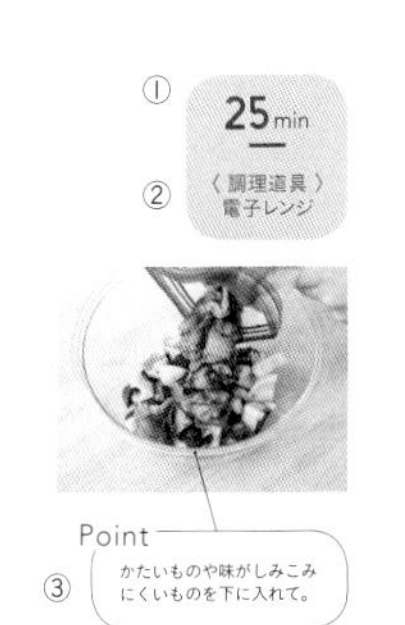

一瞬でできる、（素材別）おいしい手間

本書では手間を可能な限り省いていますが、おいしくするための手間は省いていません。ただのその手間も数秒、数分。これをやるだけで、できあがりのおいしさや見栄えがぐっとよくなります。

肉

肉は、隠し包丁や全体をフォークで刺すことでやわらかく、そして味がしみ込みやすくなります。また、加熱前に酒をもみ込んだり、煮込んでいる最中にアクをとったりするのは、臭みや雑味をなくし、すっきりおいしく仕上げるためです。

魚

魚を煮込むときにしたいのが、霜降り。このひと手間で臭みが抑えられます。ぶり大根やさばのみそ煮の時は特に効果的なので、ぜひやってみてください。また、魚をフライパンで焼くときは粉づけをすることで、カリッと仕上がると同時に身崩れなども防げ、たれもからみます。

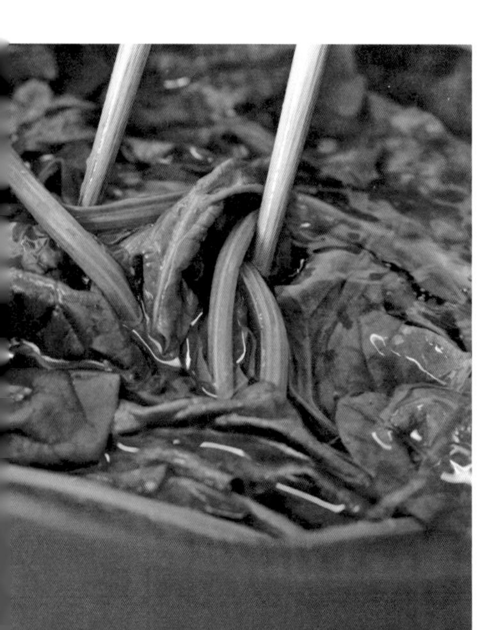

野菜

根菜類は鍋で煮る前に下ゆでをするだけで、味のしみ込み方が大きく変わります。本書では基本的にレンジで行っています。また、オクラの板ずりや、きゅうりの塩もみ、青菜の下ゆでなどは、食感をよく、色鮮やかに仕上げるひと手間です。

だしは、時間がない時・ある時で使い分け

だしをとった方が確かにおいしいけれど、普段の簡単な料理であれば
顆粒だしでも十分においしくなります。本書のレシピでは、基本的に顆粒だしを使用しています。
しかし、時間がある時は以下の“簡単だし”を試してみてください。特に、
煮物や茶わん蒸しなど、だしが決め手のお料理なら、より味がすっきり、おいしくなります。

顆粒だし

一番簡単でお手軽なだしの素。溶けやすく使いやすいので、忙しい時にはぴったりです。風味や味はメーカーによって異なるので、お好みのタイプを見つけてみてください。

だしパック

ティーバッグタイプのだしの素。袋に表示されたタイミングで鍋に入れ、水と一緒に加熱することで簡単にだしがとれます。かつお節、昆布、煮干しなど種類はさまざまです。

超簡単！ 入れておくだけの簡単だし（水だし）

本格的なだしは、かつお節と昆布を煮だして・こして……と手間がかかりますがこの簡単だしなら、入れておくだけで十分においしいだしがとれます。

材料（1ℓ分）

かつお節…ミニパック
　3〜4袋（約8g）
昆布…10g
水…1ℓ

作り方

ポットにかつお節と昆布を入れて水を注ぐ。冷蔵庫に入れ、5時間以上おく。

（保存期間／冷蔵庫で約3日間）

レシピ内の顆粒だしを、簡単だしや、だしパックでとっただし汁に置き換える時は、レシピ内の水の分量をだし汁に置き換えてください。その際に、顆粒だしに含まれている塩分を補うため、ひとつまみ塩を入れて。全体がちょうどよい味になります。

さあ、おいしいごはんのご用意を！

おいしい白米の炊き方をご紹介！

おいしいごはんにするための、炊き方のポイント

●お米を洗う時、1回目の水はすぐに捨てる

お米を洗う時、一番お米の汚れが出る1回目はすぐに水を捨てて。洗いは3回くらいで十分です。

●炊く前は釜についた水分をふき取って

均等に熱をお米に伝えるためにも、炊飯器に入れる前に釜の水分をふき取りましょう。

●蒸らし時間は不要

最近の炊飯器は蒸らし時間も考慮して炊飯時間が設定されているので、炊き上がったらすぐにふたをあけてざっくり混ぜて。

PART.1

今どき和食のメインおかず

定番のおかずはもちろん、
マヨやバター、はちみつを使ったコクうまレシピも。
素材別に、メインのおかずを並べました。

焼いてかけるだけ！鶏肉のねぎおろしポン酢

鶏肉はこんがり焼くだけ。脂のうまみとおろしポン酢のたれがよく合い、ごはんもすすみます！

鶏肉

15 min

〈 調理道具 〉
フライパン

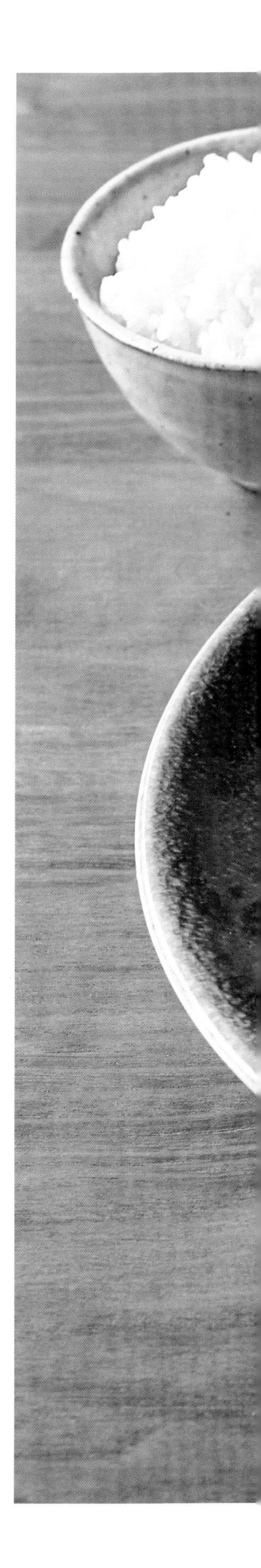

材料（2人分）
鶏もも肉…大１枚（300g）
塩、こしょう…各少々
大根…５cm（200g）
青ねぎ…５本
サラダ油…小さじ１
ポン酢しょうゆ…大さじ２
七味唐辛子…好みで適量

作り方

1

鶏肉は身の厚い部分を切り開き、両面に塩、こしょうをふる。大根は皮ごとすりおろして軽く水けをきる。青ねぎは小口切りにする。

2

フライパンにサラダ油を入れて中火で熱し、鶏肉を皮目を下にして入れる。へらで押さえながら焼き、こんがり焼き色がついたら裏返して４～５分焼く。

3

鶏肉を食べやすく切って器に盛る。大根おろしに青ねぎを混ぜ、肉の上にのせ、ポン酢しょうゆをかけて七味唐辛子をふる。

Point
大根おろしにするときは、皮をむかなくてOK！

1

2

Point
押さえながら焼くと、皮がカリッと焼けて香ばしくなります。

サブおかず Memo

● 味のバランスよし！
小松菜のたらこあえ → p.77
● 大根でもう１品
大根と卵の煮もの → p.78

レンジで簡単！筑前煮

難しそうに思われがちな煮ものが10分ほどの加熱で完成！ていねいに煮込んだような味わいに。

25min

〈 調理道具 〉
電子レンジ

材料（2人分）

鶏もも肉
…小1枚（200g）
れんこん…150g
にんじん…1/3本（80g）
しいたけ…3枚
こんにゃく（アク抜き済み）
…1/2枚（100g）
絹さや…8個
A
しょうゆ…大さじ2と1/2
砂糖…大さじ2
酒、ごま油…各大さじ1/2

＊アク抜き済みでないこんにゃくの場合は、さっとゆでてアク抜きして下さい。

作り方

1

鶏肉は3㎝大に切り、Aをもみこむ。れんこん、にんじんは2㎝大の乱切りにし、れんこんは水に3分さらして水けをきる。しいたけは軸を除いて4つに切る。絹さやは筋を取って斜め半分に切る。こんにゃくはひと口大にちぎる。

2

大きめの耐熱ボウルににんじん、こんにゃく、れんこん、しいたけの順に入れ、鶏肉をたれごとのせる。ラップをふんわりとかけ、電子レンジで8分加熱する。

3

2をレンジから取り出し、絹さやを加えて軽く混ぜ、ラップをかけずに電子レンジで3分加熱する。取り出して混ぜ、そのまま5分おく。

Point
かたいものや味がしみこみにくいものを下に入れて。

サブおかず Memo

● 味のバランスよし！
ほうれん草のごまあえ → p.70
● にんじんでもう1品
にんじんしりしり → p.87

鶏むね肉の香味甘酢だれ

パリッと焼いた鶏肉の香ばしさに、薬味入りのたれがよく合います。

12 min
〈 調理道具 〉
フライパン

材料（2人分）
鶏むね肉…大１枚（300g）
酒…小さじ１
塩、こしょう…各少々
片栗粉…適量
長ねぎ…10cm
しょうが、にんにく
…各1/2かけ
A
しょうゆ、酢、砂糖
…各大さじ１と1/2
ごま油…小さじ2

作り方

1

長ねぎ、しょうが、にんにくはみじん切りにし、Aと合わせてたれを作る。鶏肉はフォークで全体を刺し、１cm厚さのそぎ切りにし、酒、塩、こしょうをもみこんで片栗粉をまぶす。

2

フライパンにごま油を入れて中火で熱し、鶏肉を皮目から焼く。焼き色がついたら裏返してふたをし、弱めの中火で３分蒸し焼きにする。

3

器に盛り、1のたれをかける。

Point
皮目からよく焼き、焼き色が十分についたら裏返して。

サブおかず Memo

● 味のバランスよし！
白あえ → p.91
● 彩りをプラス
トマトの卵炒め → p.84

鶏肉のおろし玉ねぎだれ

仕上げに玉ねぎ入りのたれを煮からめれば、甘みが増して肉もやわらかに。

材料（2人分）

鶏もも肉…大1枚（300g）
玉ねぎ…1/4個
塩、こしょう…各少々
薄力粉…適量
ごま油…大さじ1/2
A
　しょうゆ、酒
　　…各大さじ1と1/2
　酢…大さじ1
　砂糖…大さじ1/2
　にんにくチューブ…1cm
青じそ（せん切り）…適量

作り方

1

鶏肉は身の厚い部分を包丁で開き、半分に切り、塩とこしょうをふって薄力粉をまぶす。玉ねぎはすりおろし、Aと合わせる。

2

フライパンにごま油を入れて中火で熱し、鶏肉を皮目から焼く。こんがりとしたら裏返してふたをし、弱めの中火で4分蒸し焼きにする。

3

ふたをはずし、1のたれを加えて弱火にし、からめながら4分煮る。食べやすく切って器に盛り、青じそをのせる。

Point
肉に薄力粉をまぶすと、たれがからみやすくなります。

サブおかず Memo

● 味のバランスよし！
かぶのゆかりあえ → p.81
● 彩りをプラス
かぼちゃといんげんの煮もの → p.85

鶏肉と白菜のうま塩煮

しょうゆを使わないのにうまみたっぷり。仕上げのこしょうで味が引き締まります。

15 min

〈 調理道具 〉
鍋

Point
きのこでカサ増ししてもOK。白菜などと一緒に加えて。

材料（2人分）
鶏もも肉…1枚（250g）
白菜…1/8個（300g）
にんにく…1かけ
ごま油…小さじ1
A
水…300mℓ
酒、みりん…各大さじ1
鶏ガラスープの素
…小さじ2
塩…ふたつまみ
粗びき黒こしょう
…好みで適量

作り方

1

鶏肉は3㎝大に切る。白菜はざく切り、にんにくは薄切りにする。

2

鍋にごま油を入れて中火で熱し、鶏肉を入れ、両面に焼き色がつくまで焼く。

3

A、白菜、にんにくを加え、たまに混ぜながら8分煮る。器に盛り、黒こしょうをふる。

サブおかず Memo

● 味のバランスよし！
ブロッコリーと卵のマヨしょうゆあえ → p.77
● 白菜でもう1品
白菜とにんじんの甘酢あえ → p.83

鶏肉のほったらかししょうゆ煮

ほったらかしで煮るだけなのに味がよくからんで照りも抜群！お弁当のおかずにもグッド。

20min
〈 調理道具 〉
小鍋

Point
味がしみこみにくい皮側を下にして入れるのがコツ。

材料（2人分）

鶏もも肉…大1枚（300g）
A
- 酒…70mℓ
- しょうゆ…大さじ2と1/2
- 砂糖…大さじ1

木の芽…あれば適量
からしチューブ…適量

作り方

1

小さめの鍋にAを入れ、鶏肉を皮目を下にして加え、中火にかける。煮立ったらふたをし、弱めの中火で12分煮る。

2

火を止め、そのまま5分おく。食べやすく切って器に盛り、木の芽をのせ、からしを添える。

サブおかず Memo

● 味のバランスよし！
きゅうりとしらすの酢のもの → p.74
● 汁ものをプラス
とろろ昆布の即席汁 → p.108

鶏肉となすの甘辛おろし

蒸し焼きにするから
鶏肉もなすも、しっとりやわらか。
大根おろしはたっぷりがおすすめ。

12 min

〈 調理道具 〉
フライパン

材料（2人分）

鶏もも肉…1枚（250g）
塩、こしょう…各少々
片栗粉…適量
なす…2本
大根…5cm（200g）
A
　しょうゆ、酒…各大さじ2
　砂糖、みりん…各大さじ1
サラダ油…大さじ1
青ねぎ（小口切り）
　…あれば適量

作り方

1

大根は皮ごとすりおろし、軽く水けをきる。鶏肉は3cm大に切り、塩とこしょうをふり、片栗粉をまぶす。なすは3cm大の乱切りにし、水に3分さらして水けをきる。Aは混ぜ合わせる。

2

フライパンにサラダ油を入れて中火で熱し、鶏肉を入れる。焼き色がついたら裏返し、なすと水大さじ1（分量外）を加えてふたをし、弱めの中火で3分蒸し焼きにする。

3

ふたを取って炒め合わせ、なすがしんなりしたら、Aを加えて煮からめる。器に盛り、大根おろしをのせ、青ねぎを散らす。

Point
なすがしんなりするのが、調味料を入れてOKの合図。

サブおかず Memo

● 味のバランスよし！
ほうれん草のごまあえ
→ p.70
● なすでもう1品
なすのにんにくしょうゆ漬け
→ p.86

揚げずに簡単 鶏の唐揚げ 薬味だれ

少ない油で揚げ焼きにすればOK。
香りのいいたれも
ポン酢を使えばカンタン！

15min
〈調理道具〉
フライパン

材料（2人分）

鶏もも肉…大1枚（300g）

A
- 塩…小さじ1/2
- 酒…小さじ2
- こしょう…少々

片栗粉、サラダ油…各適量
みょうが…1個
しょうが…1/2かけ
青ねぎ…3本
ポン酢しょうゆ…大さじ3

作り方

1

みょうがは薄切り、しょうがはみじん切り、青ねぎは小口切りにし、ポン酢しょうゆと合わせる。

2

鶏肉は3cm大に切り、Aをもみこみ、片栗粉をまぶす。

3

フライパンにサラダ油を深さ1cm分入れて中火で熱し、2を入れ、両面を色よく揚げ焼きにする。油をきって器に盛り、1をかける。

Point
油は深さ1cmほどで十分。
加熱時間は7分を目安に、
何度か返して色よく揚げて。

サブおかず Memo

● 味のバランスよし！
にんじんとじゃがいものきんぴら → p.85
● 彩りをプラス
ほうれん草ののりあえ → p.76

漬けて焼くだけ！鶏むね肉のみそ漬け焼き

まろやかでコクのある味。その秘密は、酒の代わりに加えるマヨネーズにあり！

7 min
＊漬ける時間は別
〈 調理道具 〉
フライパン

材料（2人分）

鶏むね肉…1枚（250g）
A
- みそ、みりん…各大さじ1
- マヨネーズ…小さじ2
- しょうがチューブ…2cm

サラダ油…小さじ2
キャベツ（ざく切り）…適量

作り方

1

鶏肉はフォークで全体を刺し、1cm厚さのそぎ切りにする。ポリ袋に入れ、Aを加えてもみこみ、5分おく。

2

フライパンにサラダ油を入れて弱めの中火で熱し、1を並べ入れて焼く。焼き色がついたら裏返し、ふたをして2分蒸し焼きにする。

3

器に盛り、キャベツを添える。

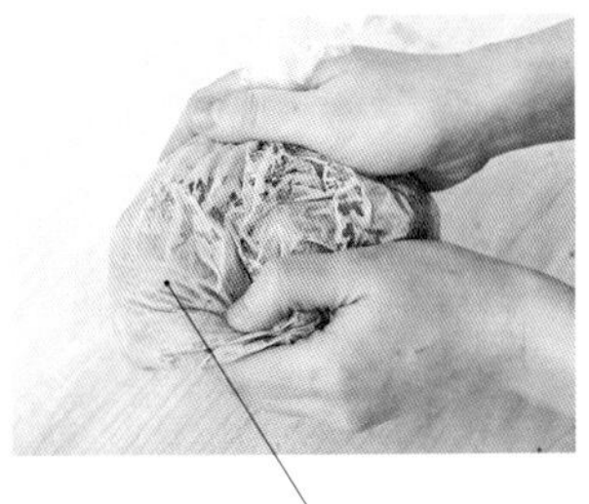

Point
ポリ袋を使うと、洗いものが減ってラク。

サブおかず Memo

- 味のバランスよし！
  水菜と油揚げのごまポンあえ → p.73
- 汁ものをプラス
  かきたま汁 → p.108

手羽先の塩焼き

魚焼きグリルを使えば、皮がパリッと焼き上がってカンタン&香ばしい！

18 min
＊漬ける時間は別
〈 調理道具 〉
魚焼きグリル

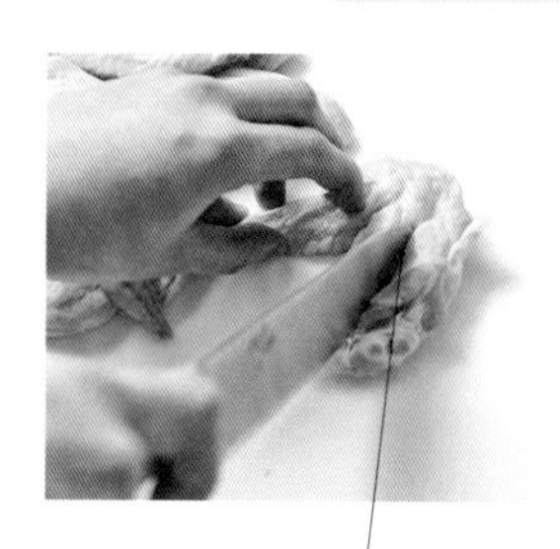

Point
切りこみを入れると味が入りやすく、火も通りやすい。

材料（2人分）

- 鶏手羽先…8本
- 塩…小さじ1
- 酒…小さじ2
- ごま油…小さじ1
- すだち…適量

作り方

1

手羽先は骨に沿って1本切りこみを入れる。ポリ袋に入れ、塩、酒、ごま油を加えてもみこみ、10分以上おく。

2

魚焼きグリルに手羽先を並べ、途中で上下を返しながら中火で15分ほど焼く。器に盛り、すだちを半分に切って添える。

サブおかず Memo

● 味のバランスよし！
切り干し大根のやみつきサラダ → p.92
● 汁ものをプラス
なめこ汁 → p.109

鶏肉とさつまいもの甘酢だれ

もも肉と甘酸っぱいたれがマッチ。
さらにさつまいもを合わせて、
大学いものような味わいに。

15 min

〈 調理道具 〉
電子レンジ&
フライパン

材料（2人分）

鶏もも肉…小1枚（200g）
さつまいも…1本（200g）
塩、こしょう…各少々
薄力粉…適量
サラダ油…小さじ2
A
　しょうゆ…大さじ1と1/2
　砂糖、酒、酢…各大さじ1
黒いりごま…適量

作り方

1

さつまいもは皮つきのまま3cm大に切り、水に3分さらして水けをきる。耐熱ボウルに入れ、ラップをふんわりとかけて電子レンジで4分加熱する。

2

鶏肉は3cm大に切り、塩、こしょうをふり、薄力粉をまぶす。Aは混ぜ合わせる。

3

フライパンにサラダ油を入れて中火で熱し、鶏肉を焼く。焼き色がついたら裏返してふたをし、弱めの中火にして3分蒸し焼きにする。

4

ふたをはずし、1を加えてさっと炒め、Aを加えて煮からめる。器に盛り、ごまをふる。

Point
さつまいもは、下ゆでの代わりに電子レンジで加熱を。

サブおかず Memo

● 味のバランスよし！
レンジde小松菜のからしじょうゆあえ
→ p.73
● さつまいもでもう1品
さつまいもの甘辛煮→ p.84

鶏むね肉de和風フライドチキン

唐揚げ風のしょうゆ味とフライドチキンのざくっとした食感。どちらも味わえておトク！

10min
〈調理道具〉
フライパン

Point
薄力粉と片栗粉を両方まぶすことで、食感がアップ！

材料（2人分）
鶏むね肉…大1枚（300g）
A
- 酒、しょうゆ…各大さじ1
- 塩…小さじ1/4
- にんにくチューブ、しょうがチューブ…各2cm

薄力粉…大さじ1と1/2
片栗粉、サラダ油…各適量
レモン（くし形切り）…適量

作り方

1

鶏肉はフォークで全体を刺し、8等分の1cm厚さのそぎ切りにする。ポリ袋に入れ、Aを加えてもみこみ、薄力粉も加えてさらにもみこむ。

2

1の肉1切れずつに片栗粉をまぶす。

3

フライパンにサラダ油を深さ1cm分入れて中火で熱し、2を4～5分揚げ焼きにする。器に盛り、レモンを添える。

サブおかずMemo

● 味のバランスよし！
きのこのバターしょうゆ炒め
→ p.88
● 彩りをプラス
ブロッコリーのおかかごまあえ → p.72

鶏肉のタルタルのせ

即席タルタルソースとバターじょうゆがからんだ鶏肉の組み合わせが絶妙！

10min
〈調理道具〉
フライパン

材料（2人分）
鶏もも肉…大1枚（300g）
薄力粉…適量
ゆで卵…2個
マヨネーズ…大さじ2
塩、こしょう…各少々
サラダ油…小さじ2
A
バター…小さじ2（10g）
しょうゆ、みりん
…各大さじ1

作り方

1

鶏肉は身の厚い部分を包丁で開き、半分に切り、薄力粉をまぶす。ゆで卵はざっくりとつぶしてマヨネーズ、塩、こしょうを混ぜてタルタルソースを作る。Aは合わせておく。

2

フライパンにサラダ油を入れて中火で熱し、鶏肉を皮目から焼く。焼き色がついたら裏返してふたをし、弱めの中火で3分蒸し焼きにする。

3

余分な脂をペーパータオルでふき取り、Aを加えて煮からめる。食べやすく切って器に盛り、1のタルタルソースを添える。

Point
脂をふき取っておくと、たれがからみやすくなります。

サブおかず Memo

●味のバランスよし！
やみつきツナトマト → p.87
●汁ものをプラス
ひき肉と白菜の
和風春雨スープ → p.108

レンジで5分！キャベツの肉巻き香味ごまソース

チンするだけでカンタン！
バラ肉のうまみと香りのよいソースが
キャベツにじんわりしみこみます。

豚肉

10 min

〈 調理道具 〉
電子レンジ

材料（2人分）

豚バラ薄切り肉…6枚
キャベツ…1/5個（200g）
長ねぎ…5cm
しょうが…1/2かけ
A
　しょうゆ、酢…各大さじ1
　砂糖…小さじ2
　白いりごま…大さじ1

作り方

1

長ねぎ、しょうがはみじん切りにし、Aの材料と合わせ、香味ごまソースを作る。キャベツはせん切りにし、6等分にしておく。

2

豚肉を1枚ずつ広げて端にキャベツをのせ、きつめにしっかりと巻く。

3

2の巻き終わりを下にして耐熱皿に入れ、ラップをふんわりとかけ、電子レンジで5分加熱する。

4

器に盛り、**1**のソースをかける。

2

Point
キャベツのせん切りは、向きをそろえておいたほうが巻きやすくなります。

3

Point
5分加熱するだけ！　ラップはふんわりかけて。

サブおかず Memo

● 味のバランスよし！
じゃがいものそぼろあんかけ → p.83
● 食べごたえをアップ
さつまいもの甘辛煮 → p.84

レンジde時短 豚バラ大根

大根は煮る前にレンジにかければやわらかくなり、煮る時間が短縮！

20min
〈 調理道具 〉
電子レンジ&小鍋

材料（2～3人分）
大根…10cm（400g）
豚バラ薄切り肉…100g
しょうが…1/2かけ
ごま油…小さじ1
A
　水…200mℓ
　和風だし（顆粒）
　　…小さじ1/4
　しょうゆ、みりん
　　…各大さじ2
　砂糖…大さじ1/2
青ねぎ（斜め切り）
　…好みで適量

作り方

1

大根は皮を厚めにむき、2cm厚さの半月切りにし、耐熱皿に並べてラップをふんわりとかけ、電子レンジで6分加熱する（加熱後まだかたければ、さらに1分加熱）。豚肉は4cm長さに切る。しょうがはせん切りにする。

2

小さめの鍋にごま油を入れて中火で熱し、豚肉としょうがを炒める。肉の色が変わったら、Aと大根を加え、たまに混ぜながら弱めの中火で12分ほど煮る。

3

器に盛り、青ねぎをのせる。

Point
一度冷ますと味がなじむので、時間があれば1時間ほど冷ましたほうが◎。食べるときに温め直して。

サブおかず Memo
● 味のバランスよし！
オクラの白だしあえ → p.75
● 大根でもう1品
紅白なます → p.82

包丁いらず！豚肉とピーマンの塩昆布炒め

塩昆布は調味料代わりに使えます。和風のうまみを手軽に出せ、肉もピーマンも食べやすく。

8 min
〈 調理道具 〉
フライパン

Point
まだ肉の赤みが残っているうちにピーマンを加えると、ちょうどよい炒め加減に。

材料（2人分）

豚こま切れ肉…180g
ピーマン…4個
塩昆布…8g
ごま油…小さじ2
A
酒、しょうゆ…各小さじ2
こしょう…少々

作り方

1

ピーマンはヘタと種を除いて大きめにちぎる。Aは合わせておく。

2

フライパンにごま油を入れて中火で熱し、豚肉を炒める。8割がた火が通ったら、ピーマンを加えて炒める。しんなりしたら、塩昆布とAを加えて炒め合わせる。

サブおかず Memo

● 味のバランスよし！
さつまいもの甘辛煮 → p.84
● さっぱりさせるなら
きゅうりとしらすの酢のもの → p.74

豚肉とれんこんのはちみつしょうゆ焼き

はちみつ効果で深みのある味に。たれをしっかりからめると照りが出て、食欲がそそられます。

12 min
〈 調理道具 〉
フライパン

材料（2人分）
豚バラ肉（焼き肉用）
…200g
れんこん…1節（150g）
塩、こしょう…各少々
サラダ油…大さじ1
A
しょうゆ、はちみつ
…各大さじ1
酒…小さじ2
粗びき黒こしょう…適量

作り方

1

れんこんは1cm厚さの輪切りにし（太いものなら半月切りに）、水に3分さらして水けをきる。豚肉は塩、こしょうをふる。Aは合わせておく。

2

フライパンにサラダ油を入れて中火で熱し、豚肉とれんこんを並べて焼く。焼き色がついたものから裏返し、裏側も焼いて火を通す。

3

余分な脂をペーパータオルでふき取り、Aを加えてからめる。器に盛り、粗びき黒こしょうをふる。

Point
フライパンの縁まで使って焼けば、肉とれんこんを同時に焼くことができます！

サブおかず Memo

● 味のバランスよし！
なめたけおろし → p.78
● 彩りをプラス
ほうれん草のコーンマヨあえ → p.76

豚肉と野菜のしょうがあんかけ

体にいい野菜がたっぷり。
とろみづけが苦手でも、
このやり方なら失敗なし！

10 min

〈 調理道具 〉
フライパン

材料（2人分）

豚こま切れ肉…150g
小松菜…1/2束
しめじ…1/2パック
にんじん…1/4本
しょうが…1/2かけ
A
- 水…200mℓ
- しょうゆ、みりん…各大さじ2
- 砂糖…大さじ1/2
- 片栗粉…大さじ1

サラダ油…小さじ2

作り方

1

小松菜は4cm長さに切り、葉と茎に分ける。しめじはほぐす。にんじんは1cm幅の薄切り、しょうがはせん切りにする。Aは合わせておく。

2

フライパンにサラダ油を入れて中火で熱し、しょうがと豚肉を炒める。肉の色が変わったら、小松菜の茎とにんじんを加えて2分炒め、小松菜の葉としめじを加えてさらに1分炒める。

3

Aをもう一度よく混ぜて**2**に加え、混ぜながらとろみをつける。

Point
野菜はかたいものから時間差で入れて炒めましょう。

サブおかず Memo

● 味のバランスよし！
いももち → p.79
● 小松菜でもう1品
小松菜のたらこあえ → p.77

マヨポンだれde なすの豚バラ巻き

バラ肉のうまみをなすが吸い、やわらか&ジューシーに。少ない油で調理できるところも◎

10 min
〈 調理道具 〉
フライパン

材料（2人分）

豚バラ薄切り肉…８枚
なす…２本
サラダ油…小さじ１
A
　マヨネーズ…大さじ１
　ポン酢しょうゆ…大さじ２
青じそ（せん切り）…適量

作り方

1

なすは縦に４等分に切り、水に３分さらして水けをきり、豚肉を１枚ずつ巻きつける。

2

フライパンにサラダ油を入れて中火で熱し、1を巻き終わりを下にして焼く。こんがりと焼けたら、転がしながら、なすがやわらかくなるまで３～４分焼く。

3

ペーパータオルで余分な油をふき取り、Aを加えて煮からめる。器に盛り、青じそをのせる。

Point
肉をらせん状に巻きつけるときれいに巻けます。

サブおかず Memo

● 味のバランスよし！
ほうれん草ののりあえ → p.76
● なすでもう１品
甘辛なす → p.87

豚肉とさつまいもの甘辛煮

10分ほどでホクホク！
さつまいもの甘みをいかし、
砂糖を控えめにして上品な甘さに。

18 min
〈 調理道具 〉
小鍋

材料（2人分）

豚バラ薄切り肉…150g
さつまいも…1本（200g）
サラダ油…小さじ1
A
水…200mℓ
しょうゆ…大さじ1と1/2
酒、みりん…各大さじ1
砂糖…小さじ2

作り方

1

さつまいもは1cm厚さの輪切りにし、水に3分さらして水けをきる。豚肉は4cm長さに切る。

2

小さめの鍋にサラダ油を入れて中火で熱し、豚肉を炒める。肉の色が変わったら、Aとさつまいもを加えて煮立たせ、アクが出たら除く。

3

鍋のふたを少しずらしてのせ、弱めの中火で10分煮る。

Point
ふきこぼれ防止のために少しふたをずらしましょう。

サブおかず Memo

● 味のバランスよし！
ブロッコリーのおかかごまあえ
→ p.72
● さつまいもでもう1品
さつまいもの炊き込みごはん
→ p.103

豚肉のみそだれ焼き

別に炒めると野菜がシャキシャキ。
濃いめのたれで
野菜をたっぷり食べられます。

10 min

〈 調理道具 〉
フライパン

Point
肉をたれごと野菜の上に盛れば、野菜もおいしくいただけます。

材料（2人分）

豚肉しょうが焼き用…6枚
ピーマン…2個
もやし…1袋
片栗粉…適量
塩、こしょう…各少々
A
　みそ…大さじ1と1/2
　しょうゆ、砂糖、酒、
　　みりん…各大さじ1
サラダ油…大さじ1
　（小さじ1＋小さじ2）

作り方

1

ピーマンはヘタと種を除き、縦に細切りにする。豚肉は片栗粉をまぶす。Aは合わせておく。

2

フライパンにサラダ油小さじ1を入れて中火で熱し、ピーマンともやしをさっと炒める。塩とこしょうをふり、器に盛る。

3

フライパンにサラダ油小さじ2を足して中火にかけ、豚肉を焼く。両面に焼き色がついたらAを加えて煮からめ、**2**の上に盛る。

サブおかず Memo

● 味のバランスよし！
長いものたらこマヨあえ
→ p.79
● 彩りをプラス
にんじんとじゃがいものきんぴら → p.85

豚肉とじゃがいものバターしょうゆ炒め

バターでコクをプラス。
仕上げに温泉卵をのせ、
からめながらいただきましょう！

10 min
〈 調理道具 〉
電子レンジ＆フライパン

材料（2人分）

豚こま切れ肉…160g
じゃがいも…2個（250g）
A
酒、しょうゆ…各大さじ1
バター…小さじ2（10g）
サラダ油…小さじ2
温泉卵…1個
粗びき黒こしょう…適量

作り方

1

じゃがいもは1cm厚さの半月切りにし、耐熱ボウルに入れてラップをふんわりとかけ、電子レンジで4分加熱する。

2

フライパンにサラダ油を入れて中火で熱し、豚肉を炒める。色が変わったら、**1**を加えて炒め、じゃがいもがやわらかくなったら、Aを加えてさっとからめる。

3

器に盛り、温泉卵をのせ、粗びき黒こしょうをふる。

Point

早く火が通るように、じゃがいもはレンジ加熱して時短。

サブおかず Memo

● 味のバランスよし！
春菊と油揚げのごまみそあえ
→ p.74
● じゃがいもでもう1品
いももち→ p.79

豚肉とごぼうのやみつき唐揚げ

ごぼうのうまみと香り、紅しょうがのアクセントで、何個でもいけるおいしさ。

12 min

〈 調理道具 〉
フライパン

材料（2人分）

豚こま切れ肉…150g
ごぼう…1/2本（70g）
紅しょうが…20g
しょうゆ…大さじ1
A
　卵…1個
　薄力粉…大さじ3
　片栗粉…大さじ1
サラダ油…適量
塩…好みで適量

作り方

1

ごぼうはよく洗い、ピーラーでささがき状にけずり、水に3分さらして水けをきる。ボウルに豚肉、ごぼう、紅しょうが、しょうゆを入れ、もみこむ。

2

別のボウルにAを入れて混ぜ、1を加えて混ぜる。

3

フライパンにサラダ油を深さ1cm分入れて中火で熱し、2を1/10量ずつ手で丸く形を整えて入れ、転がしながら5分ほど揚げ焼きにする。器に盛り、塩を添える。

Point
ごぼうを薄いささがきにするときは、包丁よりピーラーのほうが便利！

サブおかず Memo

● 味のバランスよし！
きゅうりとかにかまのごま酢あえ → p.75
● ごぼうでもう1品
やみつきごぼう → p.88

梅鶏だんごと水菜のさっと煮

梅肉としょうがを加えた肉だんごがあっさりとして上品。
こんなときの味つけは、
〝白だし〟を使うのが正解！

10 min
〈調理道具〉
小鍋

Point
手に水をつけて丸めれば、肉だねがくっつきにくい！

材料（2人分）

鶏ひき肉…150g
梅干し…1個
水菜…1/2束（100g）

A
- しょうゆ、片栗粉…各小さじ1
- こしょう…少々
- しょうがチューブ…2㎝

B
- 水…350㎖
- 白だし（市販）…50㎖

作り方

1

梅干しは種を除いて細かく刻み、ひき肉、Aとともにボウルに入れ、よく混ぜる。水菜は4㎝長さに切る。

2

小さめの鍋にBを入れて中火にかけ、煮立ったら、1の肉だねを手で3㎝大に丸めて入れ、5分煮る。続けて水菜も加え、さっと煮る。

サブおかず Memo

● 味のバランスよし！
アボカドの塩昆布あえ → p.72
● 水菜を使ってもう1品
水菜と油揚げのごまポンあえ → p.73

バター液で簡単コロッケ

合いびき肉のうまみがホクホクのおいもにしみこんだごはんに合うコロッケ。

20min
〈調理道具〉
電子レンジ＆フライパン

材料（6個分）
じゃがいも…3個（400g）
玉ねぎ…1/4個
合いびき肉…100g
サラダ油…小さじ1
A
酒、砂糖、しょうゆ
…各大さじ1
B
卵…1個
薄力粉…大さじ4
牛乳…大さじ2
パン粉、サラダ油…各適量
キャベツ（せん切り）、
ミニトマト…各適量

作り方

1

じゃがいもは3cm大に切り、耐熱ボウルに入れて水大さじ1（分量外）をふる。ラップをふんわりとかけて電子レンジで7分加熱し、熱いうちにつぶす。

2

玉ねぎはみじん切りにする。フライパンにサラダ油を入れて中火で熱し、玉ねぎを炒め、透き通ったらひき肉を加える。火が通ったら、Aを加えて30秒煮つめる。

3

2を**1**に加えて混ぜ、粗熱がとれたら、6等分の小判形にする。Bを混ぜたバッター液にくぐらせ、パン粉をまぶす。

4

フライパンにサラダ油を深さ1cm分入れて中火で熱し、**3**を入れ、両面を色よく揚げ焼きにする。油をきってキャベツ、ミニトマトとともに器に盛る。

Point
衣づけは2ステップ。バッター液を使えば手間が省けます。

サブおかず Memo

● 味のバランスよし！
きのこのバターしょうゆ炒め
→ p.88

● じゃがいもでもう1品
にんじんとじゃがいものきんぴら → p.85

ふんわりジューシー！たたきれんこんつくね

れんこんを粗く砕いてモチモチ&シャキシャキの食感に。卵黄をからめてめしあがれ。

15 min

〈 調理道具 〉
フライパン

材料（2人分）

鶏ひき肉…200g
れんこん…1節（150g）
卵…1個

A
- しょうがチューブ…3cm
- 塩…小さじ1/4
- 片栗粉…小さじ2

B
- しょうゆ…大さじ2と1/2
- みりん…大さじ2
- 砂糖…小さじ1

サラダ油…小さじ2

作り方

1

れんこんは適当な大きさに切り、ポリ袋に入れ、めん棒でたたいて1cm大に割る。卵は卵黄と卵白に分ける。Bは合わせておく。

2

ボウルに鶏ひき肉、卵白、れんこん、Aを入れてよく混ぜ、6等分にして小判形にする。

3

フライパンにサラダ油を入れて中火で熱し、2を入れる。焼き色がついたら裏返してふたをし、弱火で5分蒸し焼きにする。

4

Bを加え、中火にして煮からめ、器に盛って卵黄を添える。

Point
れんこんを混ぜると、肉だねに粘りけとふんわり感が出て、食感もよくなります。

サブおかず Memo

● 味のバランスよし！
なめたけおろし → p.78
● 汁ものをプラス
そうめんのお吸いもの → p.109

マヨでコクうま　ひき肉と長いもの落とし揚げ

外はサクサク、中はモチモチ。マヨネーズでコクを加えた食べ飽きない1品！

15 min
〈 調理道具 〉
フライパン

材料（2人分）
鶏ひき肉…150g
長いも…5㎝（100g）
A
　薄力粉…小さじ1
　塩…小さじ1/4
　マヨネーズ…大さじ1
サラダ油…適量
ししとう、粗びき黒こしょう
　…各適量

作り方

1

長いもは8㎜角に切り、ひき肉、Aとともにボウルに入れてよく混ぜる。ししとうは切り目を1か所入れる。

2

フライパンにサラダ油を深さ1㎝分入れて中火で熱し、ししとうを素揚げにし、取り出す。続けて、1の肉だねをスプーンでひと口大にすくって入れ、転がしながら4～5分揚げ焼きにする。

3

2の油をきって器に盛り合わせ、粗びきこしょうを添える。

Point
長いもが肉にまんべんなく混ざるよう、よく混ぜて。

サブおかず Memo

● 味のバランスよし！
切り干し大根の煮もの → p.90
● 長いもを使ってもう1品
長いものたらこマヨあえ
→ p.79

牛肉

牛肉と長いもの黒こしょう炒め

しょうゆとスパイスの組み合わせでひと味違う牛肉料理に。
長いもを香ばしく焼くのがコツ。

12 min
〈 調理道具 〉
フライパン

Point
長いもを焼いて端に寄せ、ほかの材料を炒めると、フライパンひとつでOK！

材料（2人分）
牛こま切れ肉…150g
長いも…10cm（200g）
さやいんげん…5本
A
塩、こしょう…各少々
片栗粉、酒…各小さじ1
ごま油…大さじ1
酒…大さじ1と1/2
B
塩…ふたつまみ
粗びき黒こしょう…少々
にんにくチューブ…1cm
しょうゆ…小さじ1/2

作り方

1

牛肉にAをもみこむ。長いもは1cm厚さの半月切りに、いんげんは斜め薄切りにする。

2

フライパンにごま油を入れて中火で熱し、長いもを焼く。焼き色がついたら裏返して端に寄せ、空いたところで牛肉といんげんを炒める。

3

肉の色が変わったら、酒をふって1分炒め、Bを加えてさっと炒め合わせる。

サブおかず Memo

● 味のバランスよし！
きのことしょうがの佃煮
→ p.89
● さやいんげんでもう1品
いんげんと油揚げのかつお煮
→ p.71

じゃがいもの牛しぐれのせ

ボリューム満点！
ホクホクおいもに牛肉のうまみをしみこませたアイデア和食。

10 min
〈 調理道具 〉
電子レンジ＆フライパン

Point
肉が固まらないように箸で素早く、しっかりほぐします。

材料（2人分）
牛こま切れ肉…150g
じゃがいも…2個（250g）
塩、こしょう…各少々
A
　しょうゆ…大さじ1と1/2
　酒、みりん、砂糖
　　…各大さじ1
　しょうがチューブ…3㎝
かいわれ菜…あれば適量

作り方

1

じゃがいもは3㎝大に切り、耐熱ボウルに入れてラップをふんわりとかけ、電子レンジで5分加熱する。ざっくりとつぶして塩、こしょうをふり、器に盛る。

2

フライパンにAを入れて火にかけ、煮立ったら牛肉を加えてほぐしながら煮る。火が通ったら、たれごと1にのせ、かいわれ菜を添える。

サブおかず Memo

● 味のバランスよし！
ブロッコリーのおかかごまあえ
→ p.72
● 汁ものをプラス
かきたま汁→ p.108

牛肉とごぼうの柳川風

昔ながらの和食も実はカンタン！
素材の味が染みた汁もおいしいので
ごはんにのせるのもおすすめ。

12 min
〈 調理道具 〉
鍋

材料（2人分）

牛こま切れ肉…150g
ごぼう…1/2本（70g）
みつば…1/2袋
卵…２個
A
水…200mℓ
和風だし（顆粒）
…小さじ1/2
しょうゆ、みりん
…各大さじ２
酒…大さじ１
砂糖…大さじ1/2

作り方

1

ごぼうは皮をこそげてささがきにし、水に３分さらして水けをきる。みつばは４cm長さに切り、葉と茎に分ける。卵は溶きほぐす。

2

鍋にAを入れて中火にかけ、煮立ったら、ごぼうを加えて３分煮る。牛肉を加えてほぐし（アクが出たら取る）、さらに２分煮る。

3

みつばの茎を**2**に加え、溶き卵をまわし入れる。火を止め、ふたをせずに余熱で卵が半熟になるまで少しおく。仕上げにみつばの葉をのせる。

Point
卵を加えたら、ふたをしないほうが黄身の色が鮮やかに仕上がります。

サブおかず Memo

● 味のバランスよし！
ほうれん草ののりあえ
→ p.76
● 彩りをプラス
やみつきツナトマト→ p.87

フライパンひとつで超簡単　たらの野菜あんかけ

淡泊なたらは、焼いてうまみを閉じ込めると◎！　野菜のあんをかければ、食べごたえもアップ。

魚介

12 min

〈 調理道具 〉
フライパン

材料（2人分）
甘塩たら…2切れ
玉ねぎ…1/4個
しいたけ…2枚
にんじん…1/4本
片栗粉…適量
サラダ油…大さじ1
A
　水…150mℓ
　しょうゆ、酢、砂糖
　　…各大さじ1と1/2
　片栗粉…小さじ2
かいわれ菜…適量

作り方

1

たらに片栗粉をまぶす。玉ねぎとしいたけは薄切り、にんじんは細切りにする。Aは合わせておく。

2

フライパンにサラダ油を入れて中火で熱し、たらを入れ、両面を合わせて7分ほど、色よく焼く。火が通ったら器に盛る。

3

2のフライパンを中火で熱し、1の野菜を炒める。しんなりしたらAを加え、混ぜながらとろみをつける。たらにかけ、かいわれ菜を食べやすく切ってのせる。

1

Point
片栗粉をまぶしてから焼くと、水分もうまみも逃げず、パサつきません。

サブおかず Memo

● 味のバランスよし！
じゃこと大豆の甘辛 → p.93
● しいたけでもう1品
きのことしょうがの佃煮
→ p.89

簡単なのに本格味 さばのみそ煮

昔ながらの煮魚は「霜降り」と「落としぶた」の技で初心者でも達人級のできに！

15 min
〈 調理道具 〉
フライパン

材料（2人分）

さばの切り身…2切れ
しょうが…小1かけ
長ねぎ…1本
A
- 水…100mℓ
- 酒…50mℓ
- みそ…大さじ2
- みりん、砂糖…各大さじ1
- しょうゆ…小さじ1/2

作り方

1

さばは皮目に2本切りこみを入れ、熱湯をかけて霜降りにし、流水で汚れを洗い流す。しょうがは薄切りにし、長ねぎは5cm長さに切る。

2

小さめのフライパンにAを入れて中火にかけ、みそを溶かす。煮立ったらさばを皮目を上にして入れ、空いたところにしょうがと長ねぎも入れ、アルミホイルなどで落としぶたをして5分煮る。

3

落としぶたを取り、スプーンで煮汁をかけながら2分ほど煮て、火を止める（火が通る前に煮汁が少なくなってしまったら、火加減を調節し、少し水を足してください）。

Point
霜降りには汚れを落とし、特有の臭みを抑える効果が。

サブおかず Memo

● 味のバランスよし！
紅白なます → p.82
● 汁ものをプラス
すぐでき豚汁 → p.109

まぐろの角煮

酒の肴やお弁当に重宝するので作っておくと便利。刺身が少し残ったときにも。

15 min
〈 調理道具 〉
小鍋

Point
まぐろは煮汁が煮立ってから加えないと、臭みが出るので気をつけて。

材料（2人分）
まぐろ…1さく(200〜250g)
しょうが…1/2かけ
A
水…80mℓ
酒、みりん、砂糖
…各大さじ1と1/2
しょうゆ…大さじ2
木の芽…あれば少々

作り方

1

まぐろは1.5cm角に切る。しょうがは薄切りにする。

2

小さめの鍋にAとしょうがを入れて火にかけ、煮立ったら、まぐろを加える。再び煮立ったら弱めの中火にし、たまに混ぜながら煮汁が少なくなるまで12分煮る。

3

器に盛り、木の芽をあしらう。

サブおかず Memo

● 味のバランスよし！
白菜とにんじんの甘酢あえ
→ p.83
● ごはんを添えて
オクラ納豆丼 → p.98

焼いて漬けるだけ！ししゃもの南蛮漬け風

グリルで焼いたししゃもと薄切り野菜をたれに漬けこみます。簡単なのに見栄えは◎。

15min

＊漬ける時間は別
〈 調理道具 〉
魚焼きグリル

Point
ししゃもを焼いている間に野菜をたれに漬けておくと、味がなじみます。

材料（2人分）

ししゃも…8尾
玉ねぎ…1/4個
ピーマン…1個
赤パプリカ…小1/2個
A
　水、酢、砂糖…各大さじ1
　しょうゆ…大さじ1と1/2

作り方

1

玉ねぎ、ピーマン、パプリカは薄切りにする。容器にAを入れて混ぜ、切った野菜を漬ける。

2

ししゃもは魚焼きグリル（両面焼き）で様子を見ながら10分ほど焼き、1に漬けて10分以上おく。

サブおかず Memo

● 味のバランスよし！
もちチーズ巾着 → p.93
● 食べごたえをアップ
白菜と油揚げのめんつゆ煮 → p.82

まぐろフライ

大人も子どもも大好きなまぐろは揚げても美味！ 濃厚なソースで贅沢に味わいましょう。

12 min
〈 調理道具 〉
フライパン

材料（2〜3人分）

まぐろ…1さく（200g）
A
- 卵…1個
- 薄力粉…大さじ2
- 塩、こしょう…各少々

パン粉、サラダ油…各適量
B
- 中濃ソース…大さじ1
- マヨネーズ…小さじ1
- からしチューブ…1cm

サニーレタス…適量

作り方

1

まぐろは1cm厚さに切る。

2

ボウルにAを入れて混ぜ合わせ、バッター液を作る。1を入れて液をからめ、ひと切れずつパン粉をまぶす。

3

フライパンにサラダ油を深さ5mm分入れて中火で熱し、2を入れ、両面合わせて5分ほど、色よく揚げ焼きにする。

4

3の油をきり、2切れずつ竹串に刺し、サニーレタスを敷いた器に盛る。Bを混ぜたソースを添える。

Point
竹串に刺す時は、2本で刺すと安定して食べやすくなります。

サブおかず Memo

● 味のバランスよし！
きゅうりとしらすの酢のもの → p.74

● 食べごたえをアップ
里いものごまみそあえ → p.81

かじきまぐろの甘酢あえ

淡泊なかじきまぐろを甘酢で濃厚な味に。カラフルな野菜が食欲をそそります。

12 min
〈 調理道具 〉
フライパン

材料（2人分）

かじきまぐろ…2切れ
パプリカ（赤・黄）
…各1/2個
ピーマン…1個
塩、こしょう…各少々
薄力粉…適量
A
水…大さじ2
酢、砂糖、しょうゆ
…各大さじ1と1/2
片栗粉…小さじ1/3
ごま油…大さじ1

作り方

1

かじきまぐろはひと口大に切り、塩とこしょうをふり、薄力粉をまぶす。パプリカとピーマンは1.5cm大に切る。Aは混ぜ合わせる。

2

フライパンにごま油を入れて中火で熱し、かじきまぐろの両面を焼く。焼き色がついたら、パプリカとピーマンを加え、1～2分炒める。

3

野菜がしんなりしたら、Aを加え、混ぜながらとろみをつける。

Point
合わせ調味料に片栗粉を加えるので、味つけととろみづけが一度にできます。

サブおかず Memo

● 味のバランスよし！
オクラの白だしあえ → p.75
● 食べごたえをアップ
もちチーズ巾着 → p.93

えびがんも

えびの甘みと磯の香りがギュッと詰まり、サクッとした食感。しょうがじょうゆでどうぞ。

15min
＊水きり時間は別
〈 調理道具 〉
電子レンジ&フライパン

材料（2人分）

むきえび…100g
木綿豆腐…1丁（300g）
にんじん…1/4本
芽ひじき…大さじ1
片栗粉…大さじ1と1/2
塩…小さじ1/3
サラダ油、しょうがチューブ、しょうゆ…各適量

作り方

1

豆腐はペーパータオルで包んで耐熱皿にのせ、電子レンジで3分加熱する。取り出して重しをのせ、10分おいて水きりする。にんじんは2cm長さのせん切りにする。むきえびは包丁でたたいて粗いミンチ状にする。

2

豆腐を手でつぶしながらボウルに入れ、えび、にんじん、ひじき、片栗粉、塩を加えてよく混ぜる。

3

フライパンにサラダ油を深さ1cm分入れて中火で熱し、**2**を3cm大に丸めて入れ、転がしながら6〜7分、揚げ焼きにする。

4

器に盛り、しょうがじょうゆを添える。

Point

豆腐を水きりするときは、水を入れた保存容器を重しにすればOK。

サブおかず Memo

● 味のバランスよし！
ほうれん草ののりあえ → p.76
● 食べごたえをアップ
こんにゃくとちくわの煮もの → p.91

さけの和風ムニエル

バターで焼き上げ、ポン酢で味つけ。
こってりした味が好みなら、
脂がのったサーモンを使ってもOK。

10 min
〈 調理道具 〉
フライパン

材料（2人分）

生ざけ…2切れ
塩、こしょう…各少々
薄力粉…適量
まいたけ…1袋
大根…5㎝
サラダ油…小さじ1
バター…大さじ1
ポン酢しょうゆ
…大さじ1～好みで
青ねぎ（小口切り）…適量

作り方

1

まいたけはほぐす。大根は皮ごとすりおろし、軽く水けをきる。さけは塩とこしょうをふり、薄力粉をまぶす。

2

フライパンにサラダ油とバターを入れて中火で熱し、さけを入れ、両面を色よく焼く。8割程度火が通ったら端に寄せ、空いたところでまいたけを炒める。

3

さけに火が通ったら、ポン酢を加えてさっとからめる。器に盛り、大根おろしを添え、青ねぎをトッピングする。

Point

メインのさけとつけ合わせのまいたけを同じフライパンで焼けるからラク。洗いものも減らせます。

サブおかず Memo

● 味のバランスよし！
ブロッコリーと卵のマヨしょうゆあえ → p.77
● 食べごたえをアップ
長いも鉄板 → p.80

魚に「漬けて焼くだけ」
「かけるだけ」でもおいしくなる!

和食に役立つ「たれ」いろいろ

基本調味料にアクセントとなる素材を混ぜるだけで、魚をおいしくするたれのでき上がり！　シンプルな焼き魚やお刺身がワンランクアップするのでお試しください。

みそだれ

● 合う料理・魚種
焼き魚に
（さけ、白身魚など）

材料（切り身2切れ分）
みそ…大さじ2
酒…大さじ1
砂糖…小さじ2
みりん…小さじ1

作り方
材料をすべて混ぜ合わせ、生ざけなどに塗って20分以上おいて焼く。

ごまみそだれ

● 合う料理・魚種
お刺身に
（鯛、ぶり、白身魚など）

材料（切り身2切れ分）
しょうゆ…大さじ1
みそ…小さじ2
みりん、白すりごま
…各大さじ1と1/2
しょうがチューブ…1cm

作り方
みりんは煮きってアルコール分をとばし、みそを混ぜて溶かし、残りの材料を加えて混ぜる。
＊切り身を漬けるときは、たれに加えて混ぜ、5分ほど漬ける。

薬味だれ

● 合う料理・魚種
焼き魚に
（さんま、白身魚など）

材料（切り身2切れ分）
大根…150g
みょうが…1個
青じそ…3枚
白いりごま…小さじ1
ポン酢しょうゆ…大さじ2

作り方
1 大根はすりおろして水けをきる。みょうがは小口切りにし、水に3分さらして水けをきる。青じそは細かく刻む。
2 ごまと1を合わせ、ポン酢をかける。

豆腐・卵

煮るだけ簡単！塩肉豆腐

スタミナアップしたいときにもおすすめ！　赤唐辛子とにんにくを隠し味にした新感覚の肉豆腐。

8 min

〈 調理道具 〉
小鍋

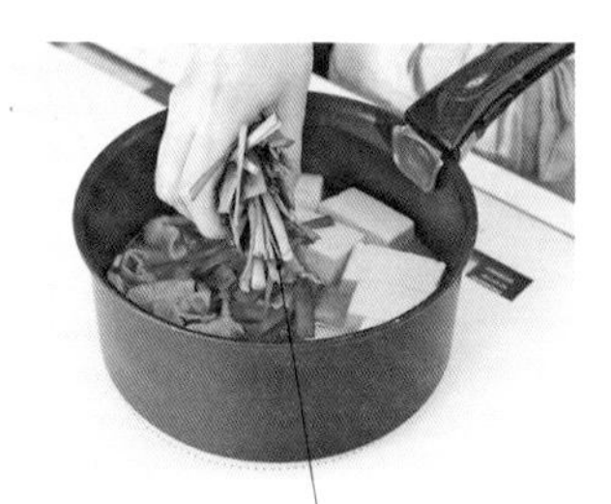

Point
にらは仕上げに。さっと煮たほうが食感が残っておいしくなります。

材料（2人分）

豆腐（木綿でも絹でもOK）
…1丁（300g）
豚ロース肉(しゃぶしゃぶ用)
…150g
にら…1/2束
A
水…300mℓ
みりん…大さじ1
塩…小さじ1
にんにくチューブ…2cm
赤唐辛子（小口切り）
…1/2本分

作り方

1

豆腐は6等分に切る。にらは4cm長さに切る。

2

小さめの鍋にAを入れて中火にかけ、煮立ったら豚肉を加えてほぐす（アクが出たら除く）。豆腐を加え、4分煮る。

3

仕上げに、にらを加えてひと煮する。

サブおかず Memo

● 味のバランスよし！
たこときゅうりの酢みそがけ
→ p.70
● 豆腐でもう1品
白あえ → p.91

豆腐チャンプルー

豆腐、肉、卵、野菜を
1品で味わえるバランスおかず。
かつお節でうまみがアップ！

10 min
〈 調理道具 〉
フライパン

材料（2人分）
木綿豆腐…1/2丁（150g）
豚バラ薄切り肉…100g
卵…1個
にら…1/2束
もやし…1/2袋
ごま油…大さじ1
A
しょうゆ…大さじ1
塩…小さじ1/4
こしょう…少々
かつお節…小1袋（2.5g）

作り方

1

豚肉とにらは3cm長さに切る。卵は溶きほぐす。豆腐はペーパータオルで水けをふき取る。

2

フライパンにごま油を入れて中火で熱し、豚肉を炒める。肉の色が変わったら、豆腐をひと口大にちぎって加え、さらに炒める。焼き色がついたら、もやしとにらを加えてさっと炒め、Aを加えて手早くからめる。

3

溶き卵を回し入れてさっと炒め、仕上げにかつお節を加え、炒め合わせる。

Point
木綿豆腐はちぎったほうがラクなうえ、断面に凹凸ができて味がからみやすい！

サブおかず Memo

● 味のバランスよし！
ひじき煮 → p.92
● 食べごたえアップ
さつまいもの甘辛煮 → p.84

にら玉豆腐

淡泊な豆腐は、市販のめんつゆとごま油で味つけして、風味豊かに。卵とにらを合わせれば、色どりも◎。

8 min
〈 調理道具 〉
フライパン

Point
各面に焼き色がつくように、豆腐は転がしながら焼きましょう。

材料（2人分）
木綿豆腐…1/2丁（150g）
卵…1個
にら…1/2束
ごま油…小さじ1
A
- 水…100mℓ
- めんつゆ（2倍濃縮）…大さじ3
- 砂糖…小さじ1

作り方

1
豆腐は水けをきり、6等分に切る。にらは4cm長さに切る。卵は溶きほぐす。

2
フライパンにごま油を入れて中火で熱し、豆腐を転がしながら焼く。軽く焼き色がついたらAを加え、煮立ったら、にらを加えてさっと煮る。

3
溶き卵を回し入れ、半熟になったら火を止める。

サブおかず Memo
● 味のバランスよし！
たことききゅうりの酢みそがけ → p.70
● 汁ものをプラス
すぐでき豚汁 → p.109

おろし豆腐ハンバーグ

軽くて、やわらかいハンバーグに
大根おろしをたっぷりトッピング。
体にやさしい軽やかな味です。

材料（2人分）

木綿豆腐…1/3丁（100g）
合いびき肉…200g
A
- 片栗粉…小さじ2
- しょうゆ…小さじ1
- 塩、こしょう…各少々

大根…5cm
青じそ…2枚
サラダ油…小さじ1
ポン酢しょうゆ…適量

作り方

1

大根は皮ごとすりおろして軽く水けをきる。青じそはせん切りにする。

2

ボウルに豆腐、合いびき肉、Aを入れてよく混ぜ、2等分にして小判形に整える。

3

フライパンにサラダ油を入れて中火で熱し、2を入れて焼く。焼き色がついたら裏返し、ふたをして弱火で6分蒸し焼きにする。

4

器にハンバーグを盛り、大根おろしと青じそをのせ、ポン酢をかける。

Point
豆腐1：ひき肉2の割合は、やわらかすぎない絶妙な分量。きれいにまとまります。

サブおかず Memo

● 味のバランスよし！
きのこのバターしょうゆ炒め → p.88
● 汁ものをプラス
あさりのみそ汁 → p.107

しらす卵のおろしのせ

甘みを加えず、ごま油で焼き上げる塩味の卵焼きです。大根おろしは好みで量を増やしても。

8 min
〈調理道具〉
フライパン

材料（2人分）
卵…2個
しらす…40g
青ねぎ…2本
大根…3㎝
A
水…大さじ1
塩、こしょう…各少々
ごま油…大さじ1
しょうゆ…適量

作り方

1

青ねぎは小口切りにする。大根は皮ごとすりおろして軽く水けをきる。

2

ボウルに卵を溶きほぐし、青ねぎ、しらす、Aを加えて混ぜる。

3

フライパンにごま油を入れて強火で熱し、**2**を流し入れて大きく混ぜる。半熟になったらフライ返しで形を整え、ふたをして弱めの中火で3分蒸し焼きにする。

4

食べやすい大きさに切って器に盛り、大根おろしをのせ、しょうゆをかける。

Point
空気を含ませてふんわり仕上がるよう、卵液を入れたら大きく混ぜます。

サブおかず Memo

● 味のバランスよし！
やみつきごぼう → p.88
● しらすでもう1品
きゅうりとしらすの酢のもの → p.74

白だしde だし巻き卵

市販の白だしでも十分に上品な味！卵焼き器を熱してから焼き始めるのがキレイに焼くコツ。

8 min

〈 調理道具 〉
フライパン

材料（2人分）

卵…3個

A
- 白だし…小さじ2
- 水…大さじ2
- 砂糖…小さじ1

サラダ油…適量

大根おろし、しょうゆ…各適量

作り方

1

ボウルに卵を溶きほぐし、Aを加えて混ぜる。

2

卵焼き用のフライパンに薄くサラダ油をのばし、中火にかける。1を1/4量流し入れ、固まってきたら、奥から手前側にくるくると巻く。

3

卵焼きを奥へ移動させ、空いた部分にサラダ油を薄くのばし、1の1/4量を流し入れて卵焼きの下にも流す。固まってきたら、手前側にくるくると巻く。これを繰り返す。

4

食べやすく切って器に盛り、大根おろしを添えてしょうゆをかける。

Point

卵液は数回に分けて入れ、その際、焼いた卵の下にも卵液を流すことが大切。

サブおかず Memo

● 味のバランスよし！
小松菜とツナのマヨしょうゆあえ → p.71

● 大根と卵でもう1品
大根と卵の煮もの → p.78

ひき肉と野菜のオムレツ

しょうゆとソースで味つけしたどこか懐かしい味わい。食べごたえも十分。

10 min
〈 調理道具 〉
フライパン

Point
フライパンの中で軽く形を整えておき、一気にひっくり返しましょう！

材料（2人分）
卵…３個
合いびき肉…120g
玉ねぎ…1/4個
ピーマン…２個
サラダ油…小さじ２
A
- 中濃ソース…大さじ１
- しょうゆ、砂糖…各小さじ１
- 塩、こしょう…各少々

作り方

1
玉ねぎとピーマンは粗みじん切りにする。卵は溶きほぐす。Aは合わせておく。

2
フライパンにサラダ油を入れて中火で熱し、ひき肉と玉ねぎを炒める。肉の色が変わったら、ピーマンを加えてさらに２分炒め、Aを加えて煮からめる。

3
溶き卵を回し入れて大きく混ぜ、半熟になったら形を整える。底に焼き色がついたら、フライパンごと返して器に盛る。

サブおかず Memo

● 味のバランスよし！
小松菜とツナのマヨしょうゆあえ → p.71
● 汁ものをプラス
ひき肉と白菜の和風春雨スープ → p.108

フライパン茶碗蒸し

蒸し器はめんどう。電子レンジでは失敗しそう……。それならフライパン！弱火で蒸せば、成功間違いなし。

25min
〈調理道具〉
フライパン

材料（2人分）

卵…1個
鶏もも肉…20g
しいたけ…1枚
かまぼこ…20g
A
　酒、みりん…各小さじ1
　塩…ふたつまみ
　和風だし（顆粒）…小さじ1/3
　うす口しょうゆ…小さじ1/2
　水…150mℓ
みつば…適量

作り方

1

鶏肉は4等分に切る。しいたけは薄切りにし、かまぼこは4枚に切る。

2

ボウルに卵を溶きほぐし、Aを加えて混ぜる。

3

器に1を半量ずつ入れ、2を茶こしでこしながら等分に注ぎ、アルミホイルをかぶせる。

4

深さのあるフライパンに器が半分浸る程度の湯を沸かし、火を止める。3を入れ、ふたをして弱火で10分蒸し、火を止めて10分おく。みつばをのせる。

Point
容器を入れるときは、一度火を消したほうが安心。

サブおかず Memo

● 味のバランスよし！
こんにゃくとちくわの煮もの
→ p.91
● ごはんを添えても
さけのバターしょうゆ炊き込みごはん→ p.102

column 1

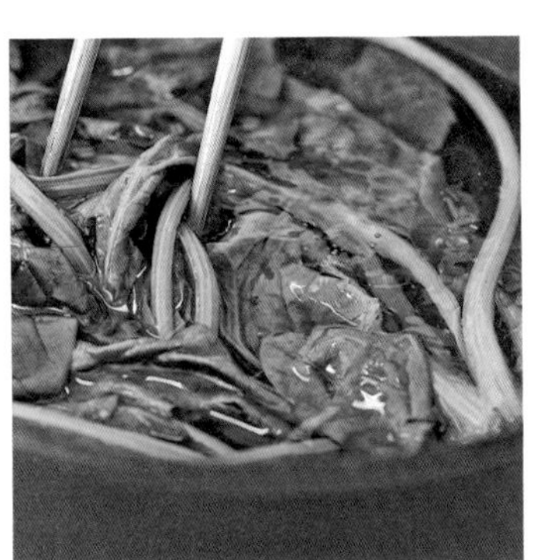

Mizuki家の食卓①

献立について

献立について悩んでいる方は結構いらっしゃるみたいで、SNSのコメントなどでも質問をよくいただきます。主菜と副菜のバランスや、色合いなどを考えていると難しいですよね。私の家の食卓では、主菜で使った野菜を副菜にも活用しちゃいます。

やっぱり、一品だけでは野菜ひとつ使い切れないこともあるので、その時は副菜に。同じお野菜でも味つけを変えれば、違う印象になりますし全然気になりませんよ。あと、全体が茶色くてもあまり気にしません（笑）。他の人に見せることもありませんし、おいしければいいかなと思っています。あと、よく作るのは、具沢山汁物や、炊き込みごはんのような具沢山ごはん。メインのボリュームが少ない時に最適ですよ。今回の本ではメインおかずのレシピには「サブおかずmemo」をつけていますので、参考にしてみてください。

ごはんのお供といえば、私も毎年やっているミニぬか床もおすすめです。ジッパー付の袋にミニぬか床を作って、余った野菜などはすべてそこに入れています。おばあちゃんの家からもらったぬか床だったのですが、袋でやるのがお手軽なんです。もっと簡単に、塩こうじで軽くもんで一晩漬けこんでおくのも、マイルドな味わいのお漬物になり、白ごはんによく合いますよ。いつものおかずでも、そんな一品が添えられているだけで、食卓がぱっとにぎやかになりますよね。

PART.2

今どき和食のいつもの野菜でサブおかず

年中手に入るお手頃野菜を色別に。
すべて、さっとゆでて和えるだけ・煮るだけなどのお手軽レシピです。

緑の野菜のおかず

濃い色の野菜は栄養が豊富。調理は切るだけ、ゆでるだけでシンプルに。味つけはバラエティ豊かにして、レパートリーを増やすと◎。

ほうれん草のごまあえ

和食の副菜の王道。さっとゆでることとごまを多めに使うのがポイント。

5min
〈調理道具〉
小鍋

材料（2人分）
ほうれん草…1/2束
A
　白すりごま…大さじ2
　しょうゆ、砂糖…各小さじ1

作り方

1 ほうれん草は塩適量（分量外）を加えた熱湯でさっとゆでて、流水で冷やして水けをきる。4cm長さに切り、さらに水けをしぼる。

2 ボウルにAを入れて混ぜ合わせ、**1**を加えてあえる。

たこときゅうりの酢みそがけ

相性のいいたこときゅうりは酢みそともマッチ。からしで味を引き締めるのがコツ。

8min
〈調理道具〉
ボウル

材料（2人分）
きゅうり…1/2本
ゆでだこ…100g
乾燥わかめ…大さじ1
A
　酢、みそ、砂糖…各大さじ1
　からしチューブ…1cm〜好みで

作り方

1 わかめは水につけてもどし、水けをきる。きゅうりとたこは小さめのひと口大に切る。

2 ボウルにAを入れて混ぜ合わせる。

3 器に**1**を盛り、**2**をかける。

いんげんと油揚げのかつお煮

かつお節を一緒に煮るから
だしいらず！ 油揚げからも
コクとうまみが出るんです。

15min
〈調理道具〉
小鍋

材料（2人分）
さやいんげん…100g
油揚げ…1枚
A
水…200mℓ
砂糖…大さじ1と1/2
しょうゆ…大さじ1と1/2
かつお節…小1袋

作り方
1 いんげんは長さを半分に切る。油揚げは熱湯をかけて油抜きし、1.5cm幅に切る。
2 小さめの鍋に1とAを入れて混ぜ、中火にかける。煮立ったら、ふたを少しずらし、弱めの中火で12分煮る。

小松菜とツナのマヨしょうゆあえ

アクのない小松菜は電子レンジで
加熱するだけでOK。
ツナの油分でうまみもアップ。

4min
〈調理道具〉
電子レンジ

材料（2人分）
小松菜…1/2束
ツナ缶…1缶（70g）
A
しょうゆ…小さじ1
砂糖…小さじ1/2
しょうがチューブ…1cm
マヨネーズ…大さじ1

作り方
1 小松菜は3cm長さに切り、耐熱ボウルに入れてラップをふんわりとかけ、電子レンジで2分加熱する。流水でさっと冷やし、水けをきる。
2 ツナは油をきってボウルに入れ、Aを加えて混ぜ、1も加えてあえる。

アボカドの塩昆布あえ

アボカドは塩昆布とよく合います。ごま油も少し加えて香りをよく。

3 min

〈 調理道具 〉
ボウル

材料（２人分）

アボカド…大１個

A
- 塩昆布…６g
- ごま油…小さじ２
- 白いりごま…小さじ２

作り方

1 ボウルにAを入れてよく混ぜる。

2 アボカドは縦半分に切って種を除き、スプーンで実をくりぬき、1.5㎝角に切る。1に加えてあえ、アボカドの皮に盛りつける。

ブロッコリーのおかかごまあえ

レンジでチンして、めんつゆで調味。忙しいときに大助かりの手軽さ♪

5 min

〈 調理道具 〉
電子レンジ

材料（２人分）

ブロッコリー…100g

A
- かつお節…小１袋
- めんつゆ（２倍濃縮）…大さじ１
- 白すりごま…小さじ２

作り方

1 ブロッコリーは小さめの小房に分け、耐熱皿に入れ、水大さじ１（分量外）をふる。ラップをふんわりとかけ、電子レンジで１分40秒加熱する。

2 1をざるにとって粗熱をとり、耐熱皿に戻し、Aを加えてあえる。

水菜と油揚げのごまポンあえ

水菜が主役の和風サラダ。香ばしい焼き油揚げを合わせてごま油で風味をプラス。

8 min

〈 調理道具 〉
トースター

材料（2人分）

水菜…1/2束（100g）
油揚げ…1/2枚
ごま油…小さじ1/2
ポン酢しょうゆ…小さじ2

作り方

1 油揚げはオーブントースターでカリッとするまで焼き、細切りにする。水菜は3cm長さに切る。

2 ボウルにごま油とポン酢を入れて混ぜ、1を加えてあえる。

レンジde小松菜のからしじょうゆあえ

ほんのり辛みがきいたあえもの。小松菜は淡泊だから、いろいろな味つけを楽しめます。

4 min

〈 調理道具 〉
電子レンジ

材料（2人分）

小松菜…1袋（200g）
A
- しょうゆ…小さじ2
- 砂糖…小さじ1/3
- からしチューブ…1cm

かつお節…小1袋（2g）

作り方

1 小松菜は3cm長さに切り、耐熱ボウルに入れてラップをふんわりとかけ、電子レンジで2分加熱する。流水でさっと冷やし、水けをきる。

2 ボウルにAを入れて混ぜ、かつお節と1を加えてあえる。

春菊と油揚げのごまみそあえ

ポイントは「みそ」
コクとまろやかさが加わって
春菊が食べやすくなります

8min

〈 調理道具 〉
小鍋＆トースター

材料（2人分）

春菊…1/2束（100g）
油揚げ…1枚
A
- みそ、砂糖…各大さじ1/2
- しょうゆ…小さじ1/2
- 白すりごま、白いりごま…各大さじ1/2

作り方

1 春菊は塩適量（分量外）を加えた熱湯でさっとゆでる。流水で冷やして水けをきり、4cm長さに切る。

2 油揚げはオーブントースターで焼き色がつくまで焼き、1cm幅に切る。

3 ボウルにAを入れて混ぜ合わせ、**1**と**2**を加えてあえる。

きゅうりとしらすの酢のもの

覚えておきたい
酢のものの定番
酢に砂糖と塩を
よく溶かしてから
材料をあえましょう。

8min

〈 調理道具 〉
ボウル

材料（2人分）

きゅうり…1本
しらす…20g
乾燥わかめ…3g
A
- 酢…大さじ1と1/2
- 砂糖…大さじ1
- 塩…少々

白いりごま…適量

作り方

1 きゅうりは小口切りにし、塩少々（分量外）をふってもみ、5分おく。流水で洗い、水けをきる。わかめは水につけてもどし、水けをきる。

2 ボウルにAを入れて混ぜ、**1**としらすを加えてあえる。

3 器に盛り、ごまをふる。

オクラの白だしあえ

ゆでたてのオクラをあえると白だしがよくしみこみます。

5min

〈調理道具〉小鍋

材料（2人分）

オクラ…8本
白だし…大さじ1/2
かつお節…小1袋

作り方

1 オクラはヘタを除いてガクをむき、塩適量（分量外）をふって板ずりする。沸騰した湯で3分ほどゆで、ざるにあげる。

2 熱いうちにボウルに入れて白だしであえ、器に盛ってかつお節をのせる。

きゅうりとかにかまのごま酢あえ

かに風味かまぼこで、彩りをよくして、うまみをプラス。ごま油を隠し味に。

3min

〈調理道具〉ボウル

材料（2人分）

きゅうり…1本
かに風味かまぼこ…6本（40g）
A
酢…大さじ1
砂糖、白すりごま…各小さじ2
しょうゆ、ごま油…各小さじ1

作り方

1 きゅうりは細切りにする。かに風味かまぼこは手で割く。

2 ボウルにAを入れて混ぜ、1を加えてあえる。

ほうれん草のコーンマヨあえ

甘みがあって、まろやか。しょうゆを少し加えるのが、味をまとめるコツ。

5min

〈 調理道具 〉
小鍋

材料（2人分）

ほうれん草…1/2束
コーン…大さじ3
A
　マヨネーズ…大さじ1
　しょうゆ、ごま油…各小さじ1/2
　砂糖…小さじ1/3

作り方

1 ほうれん草は塩（分量外）を加えた熱湯でゆでて、流水で冷やし、水けをきって4cm長さに切る。

2 ボウルにAを入れて混ぜ、**1**とコーンを加えてあえる。

ほうれん草ののりあえ

おひたしをバージョンアップ。香ばしいのりと、ピリ辛のわさびで、味がグンと変わります。

5min

〈 調理道具 〉
小鍋

材料（2人分）

ほうれん草…1/2束（100g）
ちくわ…2本
焼きのり…1/2枚
A
　めんつゆ（2倍濃縮）…大さじ1/2
　水…小さじ1
　わさびチューブ…1cm

作り方

1 ほうれん草は塩（分量外）を加えた熱湯でゆでて、流水で冷やし、水けをきって4cm長さに切る。ちくわは斜め薄切りにする。のりはちぎる。

2 ボウルにAを入れて混ぜ、**1**を加えてあえる。

小松菜のたらこあえ

ごはんもお酒も進む味。
小松菜をほうれん草や
いんげんに変えてもOK。

4min

〈調理道具〉
電子レンジ

材料（2人分）

小松菜…1/2束（100g）
たらこ…20g
ごま油…小さじ1/3

作り方

1 小松菜は3cm長さに切り、耐熱ボウルに入れてラップをふんわりとかけ、電子レンジで2分加熱する。流水で冷やし、水けをきる。

2 たらこは皮から身を取り出し、ボウルに入れ、**1**とごま油も加えてあえる。

ブロッコリーと卵のマヨしょうゆあえ

かつお節風味の食べやすい味。
卵を洗っておけば、同じ湯で
ブロッコリーもゆでられます。

10min

〈調理道具〉
鍋

材料（2人分）

ブロッコリー…100g
卵…1個
A
- マヨネーズ…大さじ1と1/2
- しょうゆ…小さじ1/3
- かつお節…小1袋

作り方

1 ブロッコリーは小房に分ける。

2 卵はよく洗い、沸騰した湯で5分ゆでる。塩少々（分量外）と**1**を加え、さらに3分ゆでる。

3 **2**をざるに上げ、ゆで卵は冷水にとって冷やし、殻をむいてひと口大に切る。ブロッコリーはそのまま粗熱をとる。

4 ボウルにAを入れて混ぜ合わせ、**3**を加えてあえる。

白い野菜のおかず

白っぽい根菜やいも類は加熱するとおいしく、食べごたえあり！ 味が淡泊だから、塩味や酸味のある食材を上手に合わせましょう。

なめたけおろし

急いで1品作るならこれ！ このままでも、焼き魚などのつけ合わせにしても◎。

3min
〈 調理道具 〉
ボウル

材料（2人分）

大根…10cm（300g）
なめたけ（市販のびん詰め）
…大さじ2

作り方

大根は皮ごとすりおろし、軽く水けをきる。ボウルに入れ、なめたけを加えてあえる。

大根と卵の煮もの

コトコト煮て、あめ色に。煮上がったら、一度冷ますとより味がなじみます。

30min
〈 調理道具 〉
小鍋

材料（2人分）

大根…8cm
ゆで卵…2個
A
- 水…200mℓ
- しょうゆ、酒、みりん
  …各大さじ1と1/2
- 砂糖、ごま油…各小さじ1

作り方

1 大根は厚めに皮をむき、2cm厚さの半月切りにする。ゆで卵は殻をむく。

2 小さめの鍋に1とAを入れて強火にかける。煮立ったらアルミホイルなどで落としぶたをし、弱めの中火で25分ほど、大根がやわらかくなるまで煮る（途中で何度か混ぜ、水分が足りなくなったら水を足す）。

3 卵を半分に切って器に盛る。

長いものたらこマヨあえ

味つけはマヨネーズだけ。ホクッと加熱した長いもが、かわいい薄ピンク色のおかずに。

8 min
〈 調理道具 〉
電子レンジ

材料（2人分）

長いも…15cm（250g）
たらこ…1/2腹（30g）
マヨネーズ…大さじ1

作り方

1 長いもは3cm大の乱切りにし、耐熱ボウルに入れ、ラップをふんわりとかけて電子レンジで4分加熱する。取り出して粗熱をとる。

2 ボウルに薄皮を取ったたらことマヨネーズを入れてよく混ぜ、1を加えてあえる。

いももち

つぶしたじゃがいもに片栗粉と牛乳を混ぜてモッチモチのおもち風に。

18 min
〈 調理道具 〉
電子レンジ＆フライパン

材料（2人分）

じゃがいも…2個（300g）
A
　片栗粉…大さじ3
　牛乳…大さじ2
　塩…少々
B
　しょうゆ、みりん…各大さじ2
　砂糖…大さじ1
サラダ油…小さじ2
刻みのり…適量

作り方

1 じゃがいもは3cm大に切り、耐熱ボウルに入れてラップをふんわりとかけ、電子レンジで6分加熱する。熱いうちにつぶし、Aを加えてよく混ぜ、4等分にして平たく丸める。

2 Bは混ぜ合わせる。

3 フライパンにサラダ油を入れて弱めの中火にかけ、1を並べ入れ、両面を合わせて10分ほど、じっくり焼く。2を加えて煮からめ、器に盛り、刻みのりをふる。

長いも鉄板

長いもをたっぷり使ったお好み焼き風。冷たいビールのおともに最適です！

10min

〈調理道具〉
フライパン

材料（2人分）

長いも…250g

A
- 卵…1個
- 和風だし（顆粒）…小さじ1
- めんつゆ（2倍濃縮）…小さじ2
- 片栗粉、薄力粉…各大さじ1

ごま油…小さじ2

ソース、マヨネーズ、青のり、かつお節…各適量

作り方

1 長いもはボウルにすりおろし、Aを加えてよく混ぜる。

2 小さめのフライパンにごま油を入れて中火で熱し、1を流し入れて焼く。焼き色がついたら、滑らせるようにして皿に取り出し、裏返してフライパンに戻し、ふたをして弱火で3分蒸し焼きにする。

3 器に盛り、ソースをぬってマヨネーズをかけ、青のりとかつお節をふる。

れんこんの甘酢焼き

酢と相性がよいれんこん。たれがよくからむよう、片栗粉をまぶしてから焼くのがコツ。

10min

〈調理道具〉
フライパン

材料（2人分）

れんこん…150g

片栗粉…適量

サラダ油…大さじ1と1/2

A
- しょうゆ、砂糖…各大さじ1
- 酢…小さじ1

白いりごま…適量

作り方

1 れんこんは8㎜厚さの半月切りにし、水に3分さらして水けをきり、片栗粉をまぶす。

2 フライパンにサラダ油を入れて中火で熱し、1の両面を5分ほどかけて色よく焼く。火が通ったら弱火にし、Aを加えて煮からめ、仕上げにごまをふる。

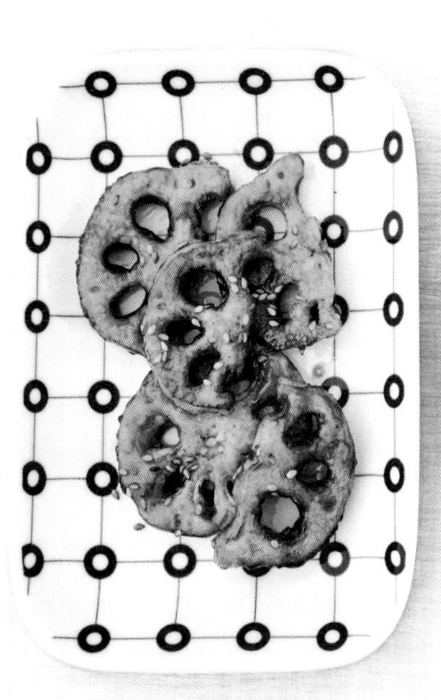

かぶのゆかりあえ

市販のふりかけを利用したもんで10分おくだけの即席漬け。きゅうりやセロリで試してみても。

12 min

〈 調理道具 〉ポリ袋

材料（2人分）

かぶ…2個
赤じそふりかけ（ゆかり）…小さじ1

作り方

1 かぶは10等分のくし形に切る。

2 ポリ袋に1と赤じそふりかけを入れ、袋の上からもんで全体になじませ、10分以上おく。

レンチン里いものごまみそあえ

里いもはレンジにかけてから皮をむくとラク！ごま入りの甘みそをよくからめてどうぞ。

10 min

〈 調理道具 〉電子レンジ

材料（2人分）

里いも…小5個（250g）
A
　みそ…大さじ1
　砂糖…大さじ1
　白すりごま…大さじ1

作り方

1 里いもはよく洗い、水けをつけたまま耐熱皿にのせ、ラップをふんわりとかけて電子レンジで3分加熱する。取り出して上下を返し、再びラップを同様にかけて電子レンジで3分ほど、里いもがやわらかくなるまで加熱する（つまようじがスッと刺されればOK）。

2 粗熱がとれたら、ペーパータオルに包んで皮をむき（包丁でもよい）、半分に切る。

3 ボウルにAを入れてよく混ぜ、2を加えてあえる。

白菜と油揚げのめんつゆ煮

白菜をたっぷり食べられるあっさり煮もの。酒と砂糖で味を調え、味わいをアップ。

8 min

〈 調理道具 〉
小鍋

材料（2人分）

白菜…1/8個（250g）
油揚げ…1枚
A
めんつゆ（2倍濃縮）…大さじ3
酒…大さじ1
砂糖…小さじ1/3
七味とうがらし…少々

作り方

1 白菜は芯を1cm幅に切り、葉はざく切りにする。油揚げは熱湯をかけて油抜きし、1.5cm幅に切る。

2 小さめの鍋に1とAを入れて中火にかけ、混ぜながら白菜がしんなりするまで6分ほど煮る。器に盛り、七味とうがらしをふる。

紅白なます

お正月しか食べないなんてもったいない！ 作っておくとあと1品というときお役立ち。

10 min

〈 調理道具 〉
ボウル

材料（2人分）

大根…250g
にんじん…1/3本（50g）
塩…小さじ1/2
A
酢…大さじ3
砂糖…大さじ2
塩…少々

作り方

1 大根とにんじんは4～5cm長さに切り、縦に薄切りにし、繊維に沿ってせん切りにする。

2 ボウルに1と塩を入れてよく混ぜ、そのまま5分おき、水けをギュッとしぼる。

3 Aを混ぜ合わせて2に加え、あえる。

白菜とにんじんの甘酢あえ

ポリ袋に入れてもむだけ！
彩りがよく、さっぱりして、
サラダ感覚でいただけます。

8 min

〈 調理道具 〉
ポリ袋

材料（2人分）
白菜…1/8個（200g）
にんじん…1/4本
塩…小さじ1/3
A
酢…大さじ1と1/2
砂糖…小さじ2
しょうゆ…小さじ1

作り方

1 白菜とにんじんは細切りにし、ポリ袋に入れる。塩を加えてもみ、5分ほどおく。

2 袋ごとギュッとしぼって水けをきり、Aを加え、もみながらなじませる。

じゃがいものそぼろあんかけ

ごはんがすすむ
甘辛味のボリュームおかず。
ひき肉は鶏でも。

15 min

〈 調理道具 〉
小鍋

材料（2人分）
じゃがいも…2個（300g）
豚ひき肉…100g
サラダ油…小さじ1
A
水…250mℓ
酒、砂糖…各大さじ1
しょうゆ…大さじ1と1/2
片栗粉…大さじ1
青ねぎ（斜め切り）…適量

作り方

1 じゃがいもは3cm大に切る。片栗粉は同量の水で溶く。

2 小さめの鍋にサラダ油を入れて中火で熱し、ひき肉を炒める。肉の色が変わったら、Aとじゃがいもを加えて混ぜ、ひと煮立ちしたら、ふたを少しずらし、弱めの中火で10分煮る。

3 じゃがいもがやわらかくなったら弱火にし、1の水溶き片栗粉を再び混ぜて加え、とろみをつける。器に盛り、青ねぎをのせる。

カラフル野菜のおかず

料理をおいしそうに見せる赤や黄色、紫色の野菜。甘めの味つけやうまみが出る食材との組み合わせで、食べやすく仕上げました。

さつまいもの甘辛煮

極力さわらないで煮ると、煮くずれず、ホクホクに。仕上げのバターでコクアップ。

15min
〈調理道具〉
小鍋

材料（作りやすい分量）
さつまいも…1本（300g）
A
- 水…200mℓ
- 砂糖…大さじ1と1/2
- しょうゆ…大さじ1

バター…小さじ2（10g）

作り方

1 さつまいもは2㎝幅の輪切り（太ければ半月切り）にし、水に3分さらして水けをきる。

2 小さめの鍋に1とAを入れて中火にかける。煮立ったら、ふたを少しずらし、弱めの中火で10分煮る。

3 さつまいもがやわらかくなったら火を止め、バターを加えて余熱で溶かす。

トマトの卵炒め

朝食にも合うカラフルおかず。マヨネーズで卵をしっとりさせ、しょうゆで味を引き締めます。

5min
〈調理道具〉
フライパン

材料（2人分）
ミニトマト…6個
卵…2個
A
- マヨネーズ…大さじ1
- しょうゆ…小さじ1/2
- こしょう…少々

サラダ油…小さじ2

作り方

1 ミニトマトはヘタを取って半分に切る。卵はボウルに溶きほぐし、Aを加えて混ぜる。

2 フライパンにサラダ油を入れて中火で熱し、ミニトマトを炒める。トマトが温まってきたら、1の卵液を加え、ひと呼吸おいて大きく混ぜる。半熟になったら火を止める。

にんじんとじゃがいものきんぴら

じゃがいもが透き通るのが炒め加減の目安。コクが出るようごま油で炒めましょう。

10min

〈 調理道具 〉
フライパン

材料（2人分）

にんじん…1/3本
じゃがいも…小2個（200g）
ごま油…小さじ2
A
　酒、みりん、しょうゆ…各大さじ1
　砂糖…小さじ1
白いりごま…小さじ2

作り方

1 にんじんとじゃがいもは5cm長さの細切りにし、じゃがいもは水に3分さらして水けをきる。Aは混ぜ合わせる。
2 フライパンにごま油を入れて中火で熱し、にんじんを炒める。しんなりしてきたら、じゃがいもを加えて炒め、じゃがいもが透き通ってきたら、Aを加えて水分をとばすように炒める。
3 火を止め、ごまを加えて混ぜる。

かぼちゃといんげんの煮もの

黄金比率の煮汁で10分ほど煮るだけでできあがり！

13min

〈 調理道具 〉
小鍋

材料（2人分）

かぼちゃ…1/4個（350g）
さやいんげん…50g
A
　水…200mℓ
　砂糖、みりん、酒、しょうゆ…各大さじ2

作り方

1 かぼちゃは種とワタを取り除き、4cm大に切る。いんげんはへたを取る。
2 小さめの鍋にAとかぼちゃを入れて中火にかける。煮立ったら、いんげんを加えてアルミホイルなどで落としぶたをし、弱めの中火で10分ほど煮る。

なすのにんにくしょうゆ漬け

焼いたなすをたれに漬けるだけ。多めに作り、常備菜にしても便利です。

10 min

〈 調理道具 〉
電子レンジ＆フライパン

材料（2人分）
なす…２本
にんにく…１かけ
赤唐辛子（小口切り）…1/2本分
ごま油…大さじ１と1/2
A
しょうゆ…大さじ１と1/2
酢…大さじ１
砂糖…小さじ１

作り方

1 なすは縦４つ割りにし、水に３分さらして水けをきる。にんにくは薄切りにする。

2 耐熱容器ににんにく、赤唐辛子、Aを入れ、ラップをふんわりとかけて電子レンジで１分30秒加熱する。

3 フライパンにごま油を入れて中火にかけ、なすを転がしながら焼く。焼き色がついてやわらかくなったら、**2**に漬ける。

かぼちゃのいとこ煮

あずきと一緒に煮るのが「いとこ煮」。甘いもの好きが喜ぶおかずです。

15 min

〈 調理道具 〉
小鍋

材料（2人分）
かぼちゃ…350g
ゆであずき…150g
A
水…180mℓ
砂糖…小さじ２
しょうゆ…小さじ１
塩…小さじ1/4

作り方

1 かぼちゃは種とワタを除いて３㎝大に切る。小さめの鍋に入れ、Aを加えて中火にかける。煮立ったら落としぶたをし、弱めの中火で10分煮る。

2 かぼちゃがやわらかくなったら、ゆであずきを加えてさっと混ぜ、弱火で１分煮る。

にんじんしりしり

にんじんの甘みを生かした炒めもの。めんつゆを使うとすぐに味が決まります！

8 min

〈 調理道具 〉
フライパン

材料（2人分）

にんじん…1本
卵…2個
塩…適量
こしょう…少々
ごま油…小さじ2
めんつゆ（2倍濃縮）
…大さじ1

作り方

1 にんじんはせん切りにする。卵は塩をひとつまみ加えて溶きほぐす。

2 フライパンにごま油を入れて中火で熱し、にんじんを炒めて塩少々とこしょうをふる。しんなりしたら、めんつゆを加えてさっと混ぜる。

3 卵液を2にまわし入れて少しおき、半熟になったら大きく混ぜて火を止め、余熱で火を通す。

甘辛なす

温かいままでも、冷たく冷やして食べてもOK。作りおきにもおすすめです。

10 min

〈 調理道具 〉
小鍋

材料（作りやすい分量）

なす…3本
サラダ油…大さじ1と1/2
A
水…150mℓ
砂糖、しょうゆ…各大さじ1と1/2
酒…大さじ1

作り方

1 なすは4㎝大の乱切りにし、水に3分さらして水けをきる。

2 鍋にサラダ油を入れて中火で熱し、1を2分ほど炒める。Aを加え、たまに混ぜながら汁けが少なくなるまで煮る。

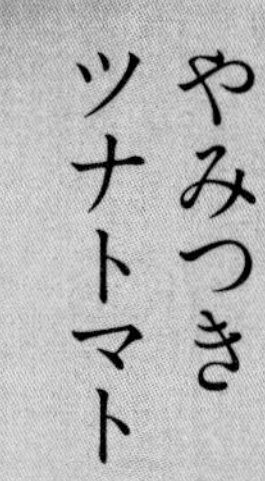

やみつきツナトマト

さっぱりして、うまみがあり、また食べたくなる味。きっと副菜の定番になります。

3 min

〈 調理道具 〉
ボウル

材料（2人分）

トマト…大1個
ツナ缶…1缶（70g）
青じそ…2枚
A
ポン酢しょうゆ…大さじ1/2
ごま油…小さじ1

作り方

1 トマトはひと口大に切る。ツナは油をきる。

2 ボウルに1とAを入れてあえる。器に盛り、青じそをちぎって散らす。

茶色の野菜&きのこのおかず

茶色の食材は食物繊維が豊富でヘルシー。うまみがあって、子どもが食べやすい味つけにもできるから、ぜひ使う機会を増やして！

やみつきごぼう

片栗粉をつけてごぼうを焼き、甘辛く味つけ。から揚げのような香ばしさに！

10min

〈調理道具〉
フライパン

材料（作りやすい分量）

ごぼう…1本（100g）
片栗粉…大さじ1と1/2
サラダ油…大さじ3
A
　しょうゆ、みりん、白いりごま…各大さじ1
　砂糖…小さじ2

作り方

1 ごぼうは皮をこそげて6cm長さに切り、太い部分は縦2～4等分に切り、水に3分さらす。水けをきり、ポリ袋に入れて片栗粉をまぶす。Aは合わせておく。

2 小さめのフライパンにサラダ油を入れて中火で熱し、1のごぼうを入れ、両面を色よく焼く。

3 火が通ったら余分な油をふき取り、Aを加えて煮からめる。

きのこのバターしょうゆ炒め

きのこは2～3種類合わせるのがおすすめ。歯ごたえが残る程度に炒めて、うまみを味わいましょう。

5min

〈調理道具〉
フライパン

材料（2人分）

しめじ…1/2袋
まいたけ…1/2袋
エリンギ…1本
にんにく…1/2かけ
サラダ油…小さじ1
塩、こしょう…各少々
バター…小さじ1（5g）
しょうゆ…小さじ1/2

作り方

1 しめじとまいたけは小房に分ける。エリンギは斜めに1cm幅に切り、縦に5mm幅に切る。にんにくは薄切りにする。

2 フライパンにサラダ油を入れて中火で熱し、1を炒める。きのこがしんなりしてきたら、塩、こしょうをふって少し炒める。

3 バターとしょうゆを加えて煮からめる。

きのことしょうがの佃煮

常備菜におすすめ！うどんや和風パスタの具にしたり、ゆでた青菜などと合わせても。

8 min

〈 調理道具 〉
フライパン

材料（2人分）

しめじ…1袋
まいたけ…1袋
しいたけ…4枚
しょうが…1/2かけ
A
　しょうゆ、酒、みりん
　　…各大さじ1と1/2
　砂糖…大さじ1

作り方

1 しめじとまいたけは小房に分ける。しいたけは薄切りにし、しょうがはせん切りにする。

2 フライパンに油を入れずに**1**を入れ、中火で炒める。しんなりしたらAを加え、弱めの中火にして5分、たまに混ぜながら煮る。

エリンギとベーコンのマヨポン炒め

一見、洋風ですが、まろやかなポン酢味。マヨネーズを炒め油と調味料の2役で使います。

5 min

〈 調理道具 〉
フライパン

材料（2人分）

エリンギ…2本
ベーコン…2枚
マヨネーズ…大さじ1
ポン酢しょうゆ…小さじ1

作り方

1 エリンギは長さを半分に切り、縦4～6等分に切る。ベーコンは1cm幅に切る。

2 フライパンにマヨネーズを入れて中火にかけ、**1**を炒める。エリンギがしんなりしたら、ポン酢しょうゆを加えてさっとからめる。

乾物・大豆製品・こんにゃくのおかず

少し地味だけれど、体によい食材をおいしく食べれる副菜レシピです。どれもホッとする味で、繰り返し作りたくなるものばかり。

高野豆腐の卵とじ

ストックしておける食材でパパッと作れ、栄養も◎。薄口しょうゆを使えば色もキレイ！

15 min

〈 調理道具 〉
小鍋

材料（2人分）

高野豆腐
（ひと口サイズのもの）
…8個
ミックスベジタブル…50g
卵…1個
A
水…400㎖
和風だし（顆粒）
…小さじ1/2
砂糖、みりん…各大さじ1
薄口しょうゆ…小さじ2
塩…少々

作り方

1 小さめの鍋にAを入れて中火にかける。煮立ったら高野豆腐を入れ、ふたを少しずらし、弱めの中火で8分煮る。

2 1にミックスベジタブルを加え、さらに5分煮る。

3 卵は溶きほぐして2に回し入れ、半熟になったら火を止める。

切り干し大根の煮もの

切り干し大根は5分もどすだけでOK。ごま油で炒めてから煮れば、風味も抜群！

10 min

＊乾物をもどす時間は別

〈 調理道具 〉
小鍋

材料（2人分）

切り干し大根…30g
油揚げ…1枚
にんじん…1/3本
ごま油…小さじ1
A
水…250㎖
和風だし（顆粒）…小さじ1/3
砂糖、薄口しょうゆ…各大さじ2

作り方

1 切り干し大根は水洗いし、水に5分つけて水けをしぼり、食べやすい長さに切る。油揚げは細切りにする。にんじんはせん切りにする。

2 鍋にごま油を入れて中火で熱し、1を炒める。

3 油がまわったらAを加え、煮立ったら弱めの中火にし、煮汁が少なくなるまで7〜8分ほど煮る。

こんにゃくとちくわの煮もの

甘辛味でおいしい
わが家の定番おかず。
こんにゃくは
「アク抜き済み」のものを
使うとより手軽に。

15 min

〈調理道具〉
小鍋

材料（2人分）
こんにゃく…1枚（200g）
ちくわ…2本
A
水…200㎖
和風だし（顆粒）…小さじ1/2
しょうゆ、砂糖、酒…各大さじ2

作り方

1 こんにゃくは8㎜幅に切り、中央に切り込みを入れて片側を切り目に通し、手綱にする。ちくわは斜め8㎜幅に切る。

2 小さめの鍋に湯を沸かし、こんにゃくをゆでてアク抜きする。ざるにあげ、水けをきる。

3 鍋にAを入れて中火にかけ、煮立ったら**2**とちくわを入れる。再び煮立ったら、たまに混ぜながら10分煮る。

白あえ

豆腐の水きりはレンジでOK。
手作りすると甘すぎず、
ごまが香るやさしい味に。

10 min

〈調理道具〉
電子レンジ&
小鍋

材料（2人分）
木綿豆腐…1/2丁（150g）
ほうれん草…1/2束（100g）
にんじん…1/4本
A
砂糖…小さじ2
薄口しょうゆ…大さじ1
白すりごま…大さじ2

作り方

1 豆腐はペーパータオルで包んで耐熱皿にのせ、電子レンジで2分加熱し、粗熱をとる。にんじんはせん切りにする。

2 鍋に水とにんじんを入れて火にかける。沸騰したら2分ほどゆで、やわらかくなったら取り出す。同じ湯でほうれん草をさっとゆで、流水で冷やし、水けをきって3㎝長さに切る。

3 豆腐は手でつぶしながらボウルに入れ、Aを加えて混ぜ、**2**を加えてあえる。

切り干し大根のやみつきサラダ

切り干し大根は加熱せず、もどすだけ。かむほどにうまみと甘みが出て、まさにやみつき！

3 min

＊乾物をもどす時間は別

〈 調理道具 〉
ボウル

材料（2人分）

切り干し大根…20g
ツナ缶…1缶（70g）
きゅうり…1/2本
A
　マヨネーズ…大さじ2
　酢、ごま油…各小さじ1
　砂糖…小さじ1/2

作り方

1 切り干し大根は水洗いし、水に5分つけてもどし、水けをしぼり、食べやすい長さに切る。ツナは油をきる。きゅうりは細切りにする。

2 ボウルにAを入れてよく混ぜ、**1**を加えてあえる。

ひじき煮

うまみがよく出る具をプラス。芽ひじきを使えば、もどすのも煮るのも短い時間でOK。

12 min

＊乾物をもどす時間は別

〈 調理道具 〉
小鍋

材料（作りやすい分量）

芽ひじき…20g
にんじん…1/4本
さつま揚げ…2枚
油揚げ…1枚
サラダ油…小さじ1
A
　水…200mℓ
　和風だし（顆粒）…小さじ1/3
　酒、みりん…各大さじ1
　しょうゆ、砂糖…各大さじ1と1/2

作り方

1 ひじきは水につけてもどし、水けをきる。にんじんはせん切りにする。さつま揚げは半分に切って8㎜幅に、油揚げは縦半分に切って1㎝幅に切る。

2 小さめの鍋にサラダ油を入れて中火で熱し、**1**を2分ほど炒める。

3 Aを加え、煮立ったら、たまに混ぜながら8分煮る。

もち チーズ巾着

少し甘めの味つけがおすすめ。10分も煮れば味がよくしみこみ、もちも、チーズもとろ〜り。

15min

〈調理道具〉
小鍋

材料（2人分）
油揚げ…2枚
切りもち…2個
スライスチーズ…2枚
A
水…350mℓ
和風だし（顆粒）…小さじ1/2
砂糖、しょうゆ、みりん、酒
…各大さじ1と1/2

作り方
1 もちとチーズは半分に切る。油揚げはペーパータオルにはさんで手で押さえ、半分に切り、袋状に開く。
2 油揚げにもちとチーズを入れ、切り口をつまようじで縫うようにとめる。
3 小さめの鍋にAを入れて煮立て、2を加え、ふたをして弱火で10分煮る。

じゃこと大豆の甘辛

味がよくからむように、大豆に片栗粉をまぶして炒め煮に。香ばしく、ごはんのおともに◎。

10min

〈調理道具〉
フライパン&ポリ袋

材料（2人分）
ちりめんじゃこ…20g
大豆（ドライパック）
…1缶（120g）
片栗粉…小さじ2
A
しょうゆ、みりん…各大さじ1
砂糖…小さじ2
サラダ油…大さじ2
白いりごま…小さじ2

作り方
1 大豆と片栗粉をポリ袋に入れ、シャカシャカふってまぶす。Aは合わせておく。
2 フライパンにサラダ油を入れて中火で熱し、大豆を入れ、たまに混ぜながら炒める。カリッとしたら、余分な油をペーパータオルでふき取り、ちりめんじゃこを加えてさっと炒める。
3 Aを加えて煮からめ、火を止め、ごまを加えて混ぜる。

column 2

Mizuki家の食卓②

うちの万能選手

自分にとっての万能選手をひとつ持っていると、「何か物足りない？」という日に大助かり。うちでは圧倒的に、味卵です。ゆでて放っておくだけなのに、この卵があるとないとでは、見栄えも、食べる前の「わ〜っ」という気持ちの高まりも違います（笑）。おかずの横に添えるのももちろんですが、インスタントラーメンや、買ってきたお惣菜でも、この卵を添えるだけで、グレードアップしますよ。

材料（作りやすい量）

卵…５個

A

- しょうゆ、みりん…各大さじ２
- 砂糖…大さじ１と1/2
- 酒…大さじ１

作り方

1 卵は常温に戻しておく。耐熱ボウルにAを入れ、レンジで１分30秒加熱し、粗熱を取る。

2 沸騰した湯に卵をそっと入れて７分ゆで、引き上げたら流水でしっかり冷やす。卵の全体に軽くヒビを入れて殻をむく。

＊加熱の参考時間　半熟→７分　かたゆで→10分

3 1の漬けだれとゆで卵をポリ袋に入れ、空気を抜きながら口を閉じる。冷蔵庫で半日以上漬ける。

（保存期間／冷蔵４〜５日）

Point

きれいなゆで卵を作るには

○ 卵を常温に戻してからゆでること
○ 引き上げたら流水でしっかり冷やすこと
○ 殻をむく時は、全体にヒビを入れてから丁寧にむくことが大切です。

PART.3

今どき和食の主役級のごはんと汁もの

ささっとごはんはもちろん、みんなで食べたい
囲みごはんレシピや炊き込みごはんまで。
一緒にほっとする汁ものもどうぞ。

ごはん

忙しくて簡単にすませたいときは、具だくさんの丼がおすすめ。余裕がある日や晴れの日には、お寿司にトライしてみて！

油揚げの卵とじ丼

買い置きできる材料でパパッと作れ、少し甘めのホッとする味。卵の火の入れ方がポイントです。

12 min

〈 調理道具 〉
フライパン

材料（2人分）

ごはん…２人分
油揚げ（油抜きしておく）
　…１枚
玉ねぎ…1/4個
きぬさや…10個
卵…２個
A
　水…100㎖
　和風だし（顆粒）
　　…小さじ1/4
　しょうゆ…大さじ１と1/2
　酒、みりん…各大さじ１
　砂糖…大さじ1/2

作り方

1

油揚げは1.5㎝幅に切り、玉ねぎは横に５㎜幅に切る。きぬさやは筋を取り、斜め半分に切る。卵は溶きほぐす。

2

小さめのフライパンにAと玉ねぎを入れて中火にかけ、煮立ったら、油揚げときぬさやを加えて４分ほど煮る。溶き卵をまわし入れて大きく混ぜ、半熟になったら火を止める。器にごはんを盛り、卵とじをかける。

15 min

〈 調理道具 〉
小鍋

材料（2人分）

ごはん…2人分
牛こま切れ肉…200g
長ねぎ…1/2本
大根…200g
A
水…200mℓ
和風だし（顆粒）
…小さじ1/3
しょうゆ、みりん
…各大さじ2
砂糖…大さじ1/2
ポン酢しょうゆ…適量

作り方

1

長ねぎは斜め薄切りにする。大根は皮ごとすりおろして軽く水けをきる。

2

小さめの鍋にAを入れて中火にかけ、沸騰したら、長ねぎを入れて2分煮る。牛肉を加えてほぐし、5分煮る（アクが出たら除く）。器にごはんを盛り、牛肉をお好みの量の煮汁と一緒にかけ、大根おろしをのせ、ポン酢しょうゆをかける。

Point

牛肉を長く煮るとかたくなるので、先に長ねぎを煮てしんなりさせましょう。

おろし牛丼

メインおかずを兼ねられるうれしいボリューム！　大根おろしとポン酢しょうゆであと口がさっぱり。

オクラ納豆丼

豪快に混ぜて、どうぞ！
ネバネバの具と白飯を一緒に
かきこむのが、たまらないのです。

材料（2人分）

ごはん…適量
オクラ…10本
納豆…2パック
かつお節…小2袋
卵黄…2個

作り方

1

オクラは塩適量（分量外）をふって板ずりし、熱湯でゆでる。ざるにとって流水で冷やし、水けをきり、5㎜幅に切る。

2

ボウルに納豆を入れて混ぜ、付属のたれ、**1**、かつお節を加えて混ぜる。

3

器にごはんを盛り、**2**をのせ、卵黄をトッピングする。

8 min

〈 調理道具 〉
ボウル

Point

板ずりは、塩をふって前後に転がすこと。オクラの産毛が取れ、口当たりがよくなります。

まぐろとサーモンの漬け丼

お寿司の人気の具を大胆にトッピング。たれに10分ほど漬けるだけで、本格的な味わい。

12 min
*たれを冷ます時間は別
〈調理道具〉
小鍋

材料（2人分）

ごはん…2人分
まぐろ（さく）…120g
サーモン（さく）…120g
A
- しょうゆ…大さじ3
- みりん、酒…各大さじ1

ごま油…小さじ1/3
青ねぎ（小口切り）、白いりごま、わさび…各適量

作り方

1

小鍋にAのみりんと酒を入れ、中火で30秒ほど沸騰させ、しょうゆを加える。ひと煮立ちしたら火を止め、完全に冷ます。ボウルに移し、ごま油を加えて混ぜる。

2

まぐろとサーモンは1.5cm角に切り、**1**に漬けて10分おく。

3

ごはんに**2**をのせ、たれを適量かけ、ごまと青ねぎを散らしてわさびを添える。

Point

しょうゆに煮きった酒とみりんを混ぜたものが「漬け」のたれ。ごま油を足せば風味も満足度もアップ。

いなりずし

作ってみると意外にカンタン！
やさしい甘みと、ほどよい酸味は
手作りならではのおいしさです。

30min
＊油揚げを冷ます時間は別
〈 調理道具 〉
小鍋

材料（10個分）

すし揚げ（正方形の油揚げ）…５枚

A
- 水…150mℓ
- 砂糖…大さじ３
- みりん…大さじ１
- しょうゆ…大さじ２と1/2

ごはん（炊きたて）…350g

B
- 酢…大さじ２
- 砂糖…小さじ２
- 塩…小さじ1/4

白いりごま…大さじ1/2

作り方

1

油揚げは斜め半分に切り、切り口から袋状に開き、熱湯をかけて油抜きする。流水で冷やし、水けをしぼる。

2

小さめの鍋にAを入れて混ぜ、油揚げを加えて中火にかける。煮立ったら弱火にし、落としぶたをして10分煮る。火を止め、そのまま冷ます。

3

Bはよく混ぜ合わせ、ごはんにまわしかけ、切るように混ぜる。ごまも加えて混ぜ、10等分にして軽くにぎる。

4

油揚げの汁けを軽くしぼり、**3**を詰める。

Point

小さめの鍋を使えば煮汁は少なめでOK。アルミホイルで落としぶたをすると煮汁が全体にまわります。

12 min
〈 調理道具 〉
フライパン

材料（2人分）

ごはん…適量
豚こま切れ肉…200g
サニーレタス、かいわれ菜
…各適量
薄力粉…小さじ1
A
しょうゆ、みりん
…各大さじ1と1/2
砂糖…小さじ1
しょうがチューブ…3㎝
サラダ油…小さじ2

作り方

1

豚肉に薄力粉をもみこむ。サニーレタスは大きめにちぎり、かいわれ菜は根を切る。Aは混ぜ合わせる。

2

フライパンにサラダ油を入れて中火で熱し、豚肉を炒める。肉の色が変わったら、Aを加えて煮からめ、器に盛る。

3

サニーレタスにごはん、かいわれ菜、**2**をのせて包んで食べる。

豚しょうが焼き手巻きごはん

巻くのが楽しいヘルシーごはん。ごはんに肉のたれがしみこみ、野菜もたっぷり食べられて大満足！

炊き込みごはんコレクション

具だくさんの炊き込みごはんは食べごたえがあり、おかずが少なくてもおなかが満足。具は米に混ぜず、のせた状態で炊きましょう。

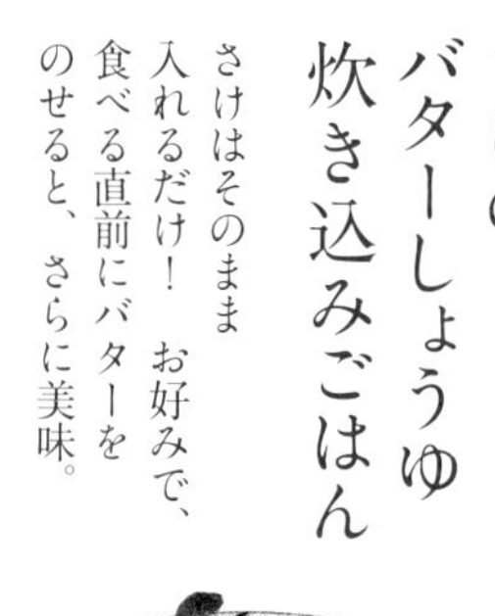

さけのバターしょうゆ炊き込みごはん

さけはそのまま入れるだけ！　お好みで、食べる直前にバターをのせると、さらに美味。

7 min
炊飯時間は別

材料（作りやすい分量）
米…２合
生ざけ…２切れ
しめじ…１パック
にんじん…1/3本
A
　しょうゆ…大さじ２
　酒、みりん…各大さじ１
バター…大さじ１（15g）

作り方

1 米は洗って水けをきる。しめじはほぐし、にんじんはせん切りにする。

2 炊飯器に米とAを入れ、水を２合の目盛りまで注いで混ぜる。しめじ、にんじん、さけをのせ、普通に炊く。

3 炊き上がったら、さけを取り出して皮と骨を取り除き、身をほぐして戻す。バターを加え、さっくりと混ぜる。

さけはまるごとのせてOK

ツナとごぼうの炊き込みごはん

ごぼうの香りと歯ごたえがうまみのもと。ささがきが苦手ならピーラーを使うとラク。

7 min
炊飯時間は別

材料（作りやすい分量）
米…２合
ツナ（オイル漬け）…１缶
ごぼう…小１本（100g）
しいたけ…３枚
にんじん…1/3本
A
　酒、しょうゆ、みりん
　　…各大さじ２

作り方

1 米は洗って水けをきる。ごぼうは皮をこそげてささがきにし、水に３分さらして水けをきる。ツナは油をきる。しいたけは薄切り、にんじんはせん切りにする。

2 炊飯器に米とAを入れ、水を２合の目盛りまで注いで混ぜる。1の具を全体にのせ、普通に炊く。

3 炊き上がったら、さっくりと混ぜる。

具は全体に、まんべんなく散らして

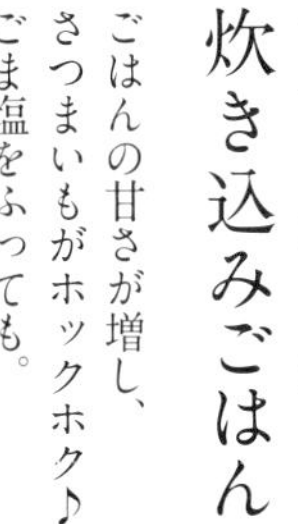

さつまいもの炊き込みごはん

ごはんの甘さが増し、さつまいもがホックホク♪ ごま塩をふっても。

5 min
炊飯時間は別

材料（作りやすい分量）

米…２合
さつまいも…１本（200g）
A
　塩…小さじ１
　酒、みりん…各大さじ１
黒いりごま…適量

作り方

1 米は洗って水けをきる。さつまいもは皮つきのまま1.5cm角に切り、水に３分さらして水けをきる。

2 炊飯器に米とAを入れ、水を２合の目盛りまで注いで混ぜる。さつまいもをのせ、普通に炊く。

3 炊き上がったらさっくりと混ぜ、器に盛って黒ごまをふる。

さつまいもはやや大きめの角切りに

鶏肉とごぼうの炊き込みごはん

鶏肉のうまみとごぼうの香りが、ごはんにしみわたります。

7 min
炊飯時間は別

材料（作りやすい分量）

米…２合
鶏もも肉…大1/2枚（150g）
塩…少々
ごぼう…１本（100g）
しめじ…1/2パック
にんじん…1/3本
A
　酒、しょうゆ、みりん
　　…各大さじ２

作り方

1 米は洗って水けをきる。鶏肉は1.5cm大に切り、塩をもみこむ。ごぼうは皮をこそげてささがきにし、水に３分さらして水けをきる。しめじはほぐし、にんじんはせん切りにする。

2 炊飯器に米とAを入れ、水を２合の目盛りまで注いで混ぜる。1の具を全体に広げてのせ、普通に炊く。

3 炊き上がったら、さっくりと混ぜる。

鶏肉には塩で下味をつけて

ツナのポン酢炊き込みごはん

ポン酢のさわやかさが残る炊き上がり。食べるときにバターをのせても。

5 min
炊飯時間は別

材料（作りやすい分量）

米…２合
まいたけ…１パック
にんじん…1/3本
ツナ缶（オイル漬け）
　…１缶（70g）
A
　和風だし(顆粒)…小さじ1/2
　ポン酢しょうゆ…70mℓ

作り方

1 米は洗って水けをきる。まいたけはほぐす。にんじんはせん切りにする。

2 炊飯器に米とAを入れ、水を２合の目盛りより少しだけ少なく注いで軽く混ぜる。ツナを油ごと加え、まいたけ、にんじんを広げてのせ、普通に炊く。

3 炊き上がったら、さっくりと混ぜる。

ツナはうまみのある油ごとプラス

麺

牛肉や豚肉、野菜をプラスし、あっさりしがちな麺を満足主食に。手軽だから、休日の昼ごはんや、お子さんの塾前ごはんなどにも。

15 min
〈 調理道具 〉
小鍋

材料（2人分）
ゆでうどん…２玉
牛こま切れ肉…200g
玉ねぎ…1/2個
A
　水…100mℓ
　和風だし（顆粒）
　　…小さじ1/2
　しょうゆ…大さじ３
　酒、砂糖…各大さじ１
温泉卵…２個

作り方

1
玉ねぎは薄切りにする。

2
小さめの鍋にAを入れて中火にかけ、煮立ってきたら、1を入れて３分煮る。牛肉を加えてほぐし（アクが出たら取り除く）、たまに混ぜながら４分煮る。

3
うどんはゆでて水けをきり、器に盛る。2をかけ、温泉卵をトッピングする。

牛すきうどん

牛肉と玉ねぎを煮た甘辛い煮汁はうどんのたれに◎。温泉卵ものせてボリュームアップ！

12 min

〈調理道具〉
フライパン

焼きうどん

さっと作れて野菜もいろいろ。
肉を鶏肉やベーコンなどに変えると
また違った味わいに。

材料（2人分）

うどん…2玉
豚バラ薄切り肉…100g
にんじん…1/4本
ピーマン…2個
玉ねぎ…1/4個
A
　和風だし（顆粒）
　　…小さじ1/3
　しょうゆ、みりん
　　…各大さじ2
　酒…大さじ1
ごま油…小さじ2
塩、こしょう…各少々

作り方

1

豚肉は3㎝長さに切る。にんじんは短冊切り、ピーマンは細切り、玉ねぎは薄切りにする。Aは合わせておく。

2

フライパンにごま油を入れて中火で熱し、豚肉を炒める。肉の色が変わったら1の野菜を加え、塩、こしょうをふって炒める。

3

玉ねぎがしんなりしたら、うどんとAを加え、ほぐしながら炒め合わせる。

材料（2人分）
そうめん…3束
豚バラ薄切り肉…150g
なす…2本
ごま油…小さじ2
A
しょうゆ、みりん
…各大さじ2
砂糖…小さじ1
しょうがチューブ…2cm
めんつゆ（2倍濃縮）
…50mℓ
青ねぎ（小口切り）…適量

作り方

1
なすは3cm大の乱切りにし、水に3分さらして水けをきる。豚肉は3cm長さに切る。Aは混ぜ合わせる。

2
フライパンにごま油を入れて中火で熱し、豚肉を炒める。色が変わったら、なすを加えて炒め、しんなりしたら、Aを加えて煮からめる。

15min
〈調理道具〉
フライパン&鍋

3
そうめんは袋の表示通りにゆで、ざるに上げ、流水で冷やして水けをきる。

4
器にそうめんを盛り、**2**をのせる。めんつゆを同量の水で薄めてかけ、青ねぎを散らす。

豚肉となすのスタミナそうめん

冷たいそうめんに炒めた具をたっぷりと！
しょうが風味で香りよく。

ごはんのおともに！ みそ汁＆和風スープ

汁ものは献立のボリュームアップにもってこい！ だしをとらなくたって「しみじみおいしい〜」と思えるレシピをご紹介。

ウインナーと野菜の豆乳みそスープ

洋風の具が、豆乳とみそで一気に和風に。クリーミーでお子さんも喜ぶ味。

15 min

〈 調理道具 〉
小鍋

材料（2人分）

ウインナーソーセージ…2本
じゃがいも…小1個（100g）
にんじん…1/3本
ブロッコリー…1/3株（80g）
サラダ油…小さじ1
水…200mℓ
豆乳（無調整）…200mℓ
みそ…小さじ2

作り方

1 ソーセージは斜め薄切りにする。じゃがいもは1cm角に、にんじんは8mm角に切り、ブロッコリーは小房に分ける。

2 小さめの鍋にサラダ油を入れて中火で熱し、ブロッコリー以外の1を炒める。じゃがいもが透き通ってきたら、水を加えて4分煮る。ブロッコリーを加え、さらに3分煮る。

3 豆乳を加え、みそを溶き入れ、沸騰直前で火を止める。

あさりのみそ汁

昆布と酒を加えるからうまみが倍増。その分、みそは控えめで大丈夫。

15 min

＊砂抜きの時間は除く
〈 調理道具 〉
小鍋

材料（2人分）

あさり（殻つき）…150g
水…400mℓ
昆布（あれば）…4cm
酒…大さじ1
みそ…大さじ1
青ねぎ（小口切り）…適量

作り方

1 あさりは塩水（分量外）につけて砂抜きし、殻と殻をこすり合わせて洗う。小さめの鍋に分量の水と昆布を入れて10分おく。

2 1の鍋に酒とあさりを加えて弱めの中火にかけ、沸騰したらアクを除いて昆布を取り出す。あさりの口が開いたら火を止め、みそを溶き入れる。

3 器に盛り、青ねぎを散らす。

ひき肉と白菜の和風春雨スープ

鶏ひき肉だからあっさり。春雨はもどさず、そのまま加えるからラク。

10min

材料（2人分）

〈調理道具〉小鍋

鶏ひき肉…80g
白菜…100g
春雨…20g
A
　水…400mℓ
　しょうゆ…小さじ2
　塩…小さじ1/3
　こしょう…少々
ごま油…小さじ1/2

作り方

1 白菜は1cm幅に切る。

2 小さめの鍋にAを入れて中火にかけ、煮立ったら、ひき肉を入れてほぐす。白菜と春雨も加えて混ぜ、たまに混ぜながら3〜4分煮る。

3 仕上げにごま油を加え、器に盛る。

かきたま汁

みつばの香りがさわやか。とろみをつけてから卵を加えるとふんわり仕上がります。

4min

材料（2人分）

〈調理道具〉小鍋&ボウル

みつば…1/2束
卵…1個
A
　水…400mℓ
　和風だし（顆粒）…小さじ1/2
　酒…小さじ1
　塩、しょうゆ…各小さじ1/4
片栗粉…小さじ1/2
水…小さじ2

作り方

1 みつばは3cm長さに切る。卵はボウルに溶きほぐす。片栗粉は分量の水で溶く。

2 小さめの鍋にAを入れて中火にかけ、沸騰したら、みつばを加えてひと混ぜし、1の水溶き片栗粉でとろみをつける。

3 溶き卵をまわし入れてさっと混ぜ、半熟になったら火を止める。

とろろ昆布の即席汁

お湯を注ぐだけ！とろろ昆布の塩味とうまみ、梅干しの酸味がバランスグッド。

1min

材料（2人分）

〈調理道具〉小鍋 or ポット

とろろ昆布…6g
梅干し…2個
白だし…小さじ4
熱湯…320mℓ
青ねぎ（小口切り）…適量

作り方

1 器にとろろ昆布、梅干し、白だしを半量ずつ入れ、熱湯を均等に注ぎ、青ねぎを散らす。

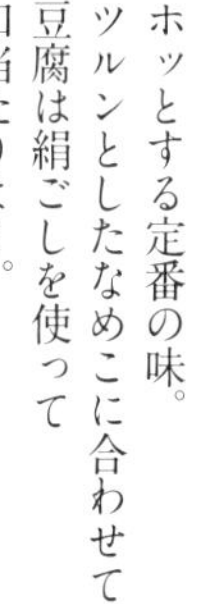

なめこ汁

ホッとする定番の味。ツルンとしたなめこに合わせて豆腐は絹ごしを使って口当たりよく。

5 min

材料（2人分）

〈 調理道具 〉小鍋

なめこ…1/2袋
絹ごし豆腐…1/3丁（100g）
水…400mℓ
和風だし（顆粒）…小さじ1/2
みそ…大さじ1と1/2

作り方

1 なめこは洗って水けをきる。豆腐は2cm角に切る。

2 小さめの鍋に水と和風だしを入れて中火にかけ、沸騰したら1を加え、煮立ったら弱めの中火にして2分煮る。

3 火を止め、みそを溶き入れる。

すぐでき豚汁

火が通りやすい材料を使って、ごま風味に。これなら、すぐにできます！

8 min

材料（2人分）

〈 調理道具 〉小鍋

豚バラ薄切り肉…80g
にら…1/3束
もやし…1/2袋（100g）
ごま油…小さじ1
A
　水…400mℓ
　和風だし（顆粒）…小さじ1/3
みそ…大さじ1と1/2
白すりごま…大さじ1

作り方

1 豚肉とにらは3cm長さに切る。

2 小さめの鍋にごま油を入れて中火で熱し、豚肉を炒める。肉の色が変わったら、Aともやし、にらを加え、ひと煮立ちしたら火を止め、みそを溶き入れる。

3 仕上げに、すりごまを加えてひと混ぜする。

そうめんのお吸いもの

あっさりした薄味で見た目も上品。おもてなしの席にも。

5 min

材料（2人分）

〈 調理道具 〉小鍋

そうめん…1/2束
しめじ…1/4袋
かまぼこ…2切れ
みつば…少々
A
　水…400mℓ
　和風だし（顆粒）…小さじ1/3
　酒…大さじ1
　みりん…大さじ1/2
　うす口しょうゆ…小さじ1/2
　塩…小さじ1/4

作り方

1 小さめの鍋にAを入れて中火にかける。煮立ったら、ほぐしたしめじとそうめんを加え、1分煮る。

2 かまぼこを加え、温まったら火を止める。

3 器に盛り、みつばをあしらう。

column 3

Mizuki家の食卓③

和食の時の器選び

和食が上手にできるようになったら、食器もこだわりたい気持ちになりますよね。また、いつものおかずでも、器の選び方ひとつでぐっと和食テイストになるのが魅力的なところです。

私なりの和食の時の器の選び方をご紹介します。やはり、最初の決め手は色でしょうか。器を和の色で選ぶだけで、ぐっとお料理も素敵に落ち着いて見えます。和食は茶色いお料理がどうしても多くなるので、なおさら、器の色を気に掛けるといいかもしれません。

白でも真っ白ではなくてどこかニュアンスのある白、黒、朱色、藍色、萌黄（もえぎ）色、などのような和を連想するような色の器を選べば、和食ならではの雰囲気がぐっと増します。

和食器は柄物もかわいいものが多いのですが、最初に買うなら、質感のある無地のお皿のほうが、どんなおかずにも合わせやすいのでおすすめです。色別におすすめの器をご紹介します。

白

まっ白よりも、少しニュアンスのある白や、重量感がある器を選ぶと和の雰囲気に。また、白は白でも、器の表面にひびをわざと入れて墨を流し込んで模様を付けた墨貫入の器なども、独特の和の雰囲気があって素敵です。

左上から、パルード 230プレート（ベージュ）4,180円／エッセン 長角皿（L）2,640円／錆かいらぎ 7寸四方皿 4,400円／オルジュ オーバルボール 3,300円／輪花 長角皿（墨貫入）1,980円／ニコ 焼物皿 1,870円

黒

黒を選ぶだけで、お料理に高級感がプラスされます。艶のある黒も使いやすいですが、艶がない、器の素材感が強い黒もおすすめ。形も丸皿だけでなく、角皿にすることで、スタイリッシュな見た目になりますよ。

左上から、ニコ 焼物皿（天目釉）1,870円／テーラ 7寸角皿（黒）3,080円／フィオーレ 8寸皿（アメ）2,630円／エブリデイ 長角皿（マットブラウン）1,870円／フォルクローレ 7.5寸鉢（黒柿釉）4,180円／エブリデイ 汁碗（ブラウン）1,430円

青

青系の器は、意外にも茶色いおかずがよく映えます。和食器の青は、深みのある藍色一色のものや、グラデーションになっているものも多く、発色がきれいです。お好みの色合いをぜひ見つけてみてください。

左上から、ゆず 焼物皿 ルリ釉 2,200円／フォルクローレ 7.5寸鉢（藍染付け）4,180円／アポロニア 11"ディナープレート（藍染付け）6,600円／懐 4.3寸 鉄鉢（ルリ）2,640円／リアン 焼物皿（藍）2,200円

緑

緑は緑でも、深い緑だったり、明るい萌黄色だったりと、緑の濃淡を選んで。

左上から、クルトン ボールL（緑釉）1,540円／トヌレ 3.5寸鉢（オリーブ）1,320円／アイオリ 7寸正角皿（識部）3,410円／ペイヴ 6寸皿（トルコ青）2,750円／ランドレース 200プレート（オリーブ）2,090円

赤

食卓のアクセントになる赤。お茶碗や小鉢などワンポイントで使うと華やかに。

左上から、リュウル 5寸丼（鉄赤）3,630円／椿 輪花皿（赤絵）2,200円／六瓢 碗（赤絵）2,805円

器はすべてマルミツポテリ　HP：https://www.marumitsu.jp　Web store：https://www.marumitsu.jp/webstore/
アンダーラインのある商品はsobokai（ソボカイ）、それ以外はSTUDIO M'（スタジオエム）の商品です。

Mizuki 林 瑞季

料理研究家。和歌山県在住。調理師免許とスイーツコンシェルジュの資格をもつ。毎日更新中のブログ「Mizukiオフィシャルブログ〜奇跡のキッチン」は、身近な食材で失敗なく作れるレシピが人気となり、月間300万PV、３年連続レシピブログアワードグランプリを受賞。企業のレシピ開発や、雑誌、テレビ、Webメディアなどで活躍中。また、過去に拒食症と闘い克服した経験をもつことから、食べることの大切さや、同じ病に苦しむ人へのアドバイスなども積極的に行っている。

LINEブログ
「Mizukiオフィシャルブログ〜奇跡のキッチン」
https://lineblog.me/mizuki_official/

Instagram
@mizuki_31cafe

Ameba
「Mizukiオフィシャルブログ〜奇跡のキッチン」
https://ameblo.jp/mizuki31cafe/

Staff

デザイン　三上祥子（Vaa）
撮影　豊田朋子
調理補助　田戸あゆ香、小倉唯
校正　聚珍社
編集　三浦良江
企画・編集　岡田好美（学研プラス）

〈 協力 〉
マルミツポテリ
Web Shop（https://www.marumitsu.jp/webstore/）
うちる
Web Shop（https://uchill.jp/）
Hasami Life
Web Shop（https://hasamilife.com/）

Mizukiの今どき和食
2020年３月31日　第１刷発行
2021年10月６日　第11刷発行

著　者　Mizuki
発行人　中村公則
編集人　滝口勝弘
発行所　株式会社　学研プラス
〒141-8415　東京都品川区西五反田２-11-８
印刷所　大日本印刷株式会社
DTP　株式会社グレン

● この本に関する各種お問い合わせ先
本の内容については、下記サイトのお問い合わせフォームよりお願いします。
https://gakken-plus.co.jp/contact/
在庫については　Tel 03-6431-1250（販売部）
不良品（落丁、乱丁）については　Tel 0570-000577
学研業務センター　〒354-0045 埼玉県入間郡三芳町上富279-１
上記以外のお問い合わせは　Tel 0570-056-710（学研グループ総合案内）